Alexandre Lebreton

FREIMAUREREI & SCHIZOPHRENIE

Die Arcana der Macht verstehen

OMNIA VERITAS.

Alexandre Lebreton

Alexandre Lebreton ist ein französischer Aktivist im Bereich der „Bekämpfung von Pädokriminalität", d. h. der Bekämpfung von Pädophilie im Internet. Lebreton ist Autodidakt und beschäftigt sich insbesondere mit „Pedosatanismus", sektenähnlichen Gruppen, die traumatisierende rituelle Misshandlungen und traumabasierte Bewusstseinskontrolle praktizieren.

FREIMAUREREI & SCHIZOPHRENIE
Die Arcana der Macht verstehen

FRANC-MAÇONNERIE & SCHIZOPHRÉNIE
Comprendre les arcanes du pouvoir

Übersetzt und veröffentlicht von

Omnia Veritas Limited

ⵁMNIA VERITAS®

www.omnia-veritas.com

© Omnia Veritas Ltd - Alexandre Lebreton - 2025

„Jahrhundert ist nicht nur das Jahrhundert der Aufklärung, sondern auch das Jahrhundert der Geheimgesellschaften, und der Großteil der Beiträge zur Mysterienforschung stammt von Freimaurern. Diese sahen in den ägyptischen Mysterien ein Modell: wie eine aufgeklärte Elite, geschützt durch Geheimhaltung, einer Wahrheit dienen und diese weitergeben konnte, die für das Volk unfassbar oder gefährlich war."

Jan Assmann - Auditorium des Louvre (07/05/2009)

Einleitung und Warnung

Dieses Dokument enthält schwerwiegende Behauptungen über Freimaurer, die jedoch nur Vermutungen sind und auf Zeugenaussagen beruhen, die nicht Gegenstand gerichtlicher Untersuchungen waren. Es geht hier nicht darum, die gesamte Freimaurerei pauschal der Durchführung sadistischer und gewalttätiger Rituale zu beschuldigen. Es ist wahrscheinlich, dass einige Freimaurer ohne die Zustimmung der Mehrheit der Logenmitglieder agieren. **Der Kult der Geheimhaltung, auf dem die Freimaurerei beruht, stellt ein Problem und sogar eine Gefahr für die Freimaurerei selbst dar, da es ihr unmöglich ist, zu bescheinigen, dass diese Art von "pädosatanischen" rituellen Praktiken in bestimmten Hinterlogen nicht existieren.** Die strikte Abschottung dieser pyramidenförmigen Hierarchie führt dazu, dass die Eingeweihten "blind" in dieser riesigen Sekte und ihren verschiedenen Verzweigungen voranschreiten. Einige der in diesem Dokument enthaltenen Aussagen sind besonders schwierig und können die sensibelsten Menschen verletzen. Es geht hier nicht um ungesunden Voyeurismus, sondern um die Aufdeckung von kriminellen Handlungen, die, da sie nicht ins Licht der Justiz gerückt werden, immer weiter im Schatten fortgeführt werden.

Es wird empfohlen, dass der Leser oder die Leserin die gängigen Vorstellungen von negativer Kritik an der Freimaurerei ignoriert. Jeder, der sich ernsthaft mit der *Freimaurerei* beschäftigt und nicht in einer Loge arbeitet (egal ob er politisch oder unpolitisch ist), kommt unweigerlich zu dem Schluss, dass die Legitimität dieser okkulten Gruppen in Frage gestellt werden muss, wenn man sich nicht nur mit den sterilen Schlagzeilen der Mainstream-Presse befasst. Insbesondere ihre starke Präsenz in öffentlichen Institutionen wie der Justiz und den Polizeikräften kann zu einem *Interessenkonflikt* führen, wenn ein Richter oder Polizeibeamter,

ALEXANDRE LEBRETON

der den Freimaurereid abgelegt hat, diesen über den würdevollen und loyalen Eid seines Berufs stellt.

Wir werden uns hier mit dem "doppelten" Aspekt der Freimaurerei beschäftigen, einer unsichtbaren Bruderschaft, die mit der sichtbaren *humanistischen* Loge, die als Schaufenster dient, verwoben ist: beide sind voneinander abhängig. Aber auch auf die weit zurückreichenden Ursprünge dieser Geheimgesellschaft, die auf Mysterienreligionen und heidnische Praktiken zurückgehen. Die Untersuchung ihrer Wurzeln im antiken Heidentum wird uns auf den Weg des sogenannten "Pädo-Satanismus" führen, der von einigen okkulten Gruppen als eine Form der Initiation der Jüngsten betrachtet zu werden scheint. Wir werden dann eine Reihe von Berichten über *rituellen Missbrauch durch die Freimaurerei* lesen, der zu dissoziativen Zuständen oder *einer gespaltenen Persönlichkeit* führt: der Schlüssel zu einer auf Traumata basierenden Bewusstseinskontrolle. Schließlich werden wir sehen, dass die Freimaurerei selbst ein großes Interesse an der "Schizophrenie" hat...

Um diese dunklen Arkana genauer zu untersuchen und zu verstehen, lesen Sie bitte das 700 Seiten starke Buch *„MK: Ritueller Missbrauch und geistige Kontrolle - Herrschaftswerkzeuge der namenlosen Religion".*

Die Dualität in der Freimaurerei

Das Wort Schizophrenie stammt von den griechischen Wörtern *schizein* (spalten) und *phrên* (Geist) ab und bedeutet wörtlich übersetzt "*gespaltener* Geist", die Zersplitterung des Geistes, die Dualität. Es gibt mehrere Dinge, die die Freimaurerei mit Schizophrenie und dem Begriff der Dualität in Verbindung bringen, angefangen beim starken Symbol der Logen: dem Mosaikpflaster aus schwarzen und weißen Fliesen, auf das die Eingeweihten ihren Eid ablegen: der Zusammenprall der Gegensätze, das Viele und das Eine, das Gute und das Böse, die einander durchdringen und untrennbar miteinander verbunden sind...

Die Freimaurerei ist zweifach, sie besitzt zwei Naturen in einer. Die Freimaurer sagen selbst, dass alles, was sie in der Loge tun, eine doppelte Bedeutung hat. Die Rituale haben eine andere

Bedeutung als die, die sie in der profanen Welt (der Welt der Nichteingeweihten) haben würden. Der "Ehrwürdige Meister" schlägt zu Beginn der Logenkleidung mit einem Holzhammer und erklärt: "*Wir sind nicht mehr in der profanen Welt*", was bedeutet, dass wir uns jetzt in einer heiligen Welt befinden. Der "Ehrwürdige Meister" glaubt, dass er damit Raum und Zeit heiligt. In der Loge ist die tiefere Bedeutung von Worten und Taten verborgen, alles ist anders, alles ist fraktioniert und Wörter haben nicht mehr dieselbe Bedeutung, selbst Alter, Zeit und Datum unterscheiden sich. Frisch eingeweihte Individuen können die tiefere Natur des Kultes, dem sie doch bereits Eid und Treue geschworen haben, nicht wahrnehmen und verstehen...

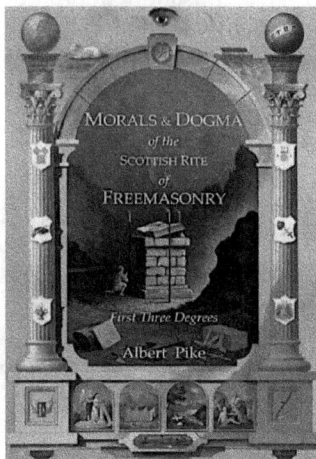

Zu diesem freimaurerischen Geheimnis (einem wahren Millefeuille), das in einer doppelten Symbolsprache enthalten ist, die der eingeweihte junge "Bruder" nicht verstehen kann, schreibt der berühmte Freimaurer Albert Pike in "Morals and Dogma":

"Wie alle Religionen, Mysterien, Hermetik und Alchemie enthüllt auch die Freimaurerei ihre Geheimnisse niemandem außer den Adepten, Weisen und Auserwählten. Sie verwendet falsche Erklärungen, um ihre Symbole zu interpretieren, um diejenigen, die es verdienen, irregeführt zu werden, in die Irre zu führen, um ihnen die Wahrheit, die sie Licht nennt, vorzuenthalten und sie so von ihr fernzuhalten. Die Freimaurerei verbirgt eifersüchtig ihre Geheimnisse und führt ihre anmaßenden Interpreten absichtlich in die Irre." (*"Moral und Dogmen", Band 1, Albert Pike, S. 104)*

Verweilen wir bei dem doppelten Aspekt der Freimaurersekte, und wie wir später sehen werden, einem schizophrenen Aspekt à la *Dr. Jekyll und Mr. Hyde*...

Der berühmte Freimaurer Albert Mackey hat behauptet, dass die moderne Freimaurerei das Ergebnis einer Verschmelzung einer *"korrupten und schwarzen"* Form der Freimaurerei ist, **die traumatische Initiationsrituale** praktiziert, **die aus heidnischen antiken Praktiken stammen**; und einer *"reinen"* Form, die den Glauben an einen einzigen Gott und die Unsterblichkeit der Seele beinhaltete. **Er behauptet, dass dies dieser geheimen Institution eine helle und zugleich dunkle Seite verleiht.** Er definiert diese dunkle Seite, diese Form der *"parasitären"* **Freimaurerei, als eine Art schwarze Freimaurerei mit erschreckenden und traumatischen Initiationspraktiken, die die symbolische Darstellung des mythischen Abstiegs in den Hades, das Grab oder die Hölle verwendet, um dann wieder ans Tageslicht zu gelangen: die initiatische Wiedergeburt - Die Nahtoderfahrung mit einem astralen Ausgang ist das letzte Initiationsritual: die Auferstehung.** (*"The Symbolism of Freemasonry: Illustrating and*

Explaining its Science and Philosophy, its Legends, Myths and Symbols" -
Mackey, Albert G, 1955)

In der Freimaurerei gibt es zwei Seiten, von denen die eine nichts
von der Existenz der anderen weiß, was man so übersetzen *kann:*
***Die Guten kennen die Bösen nicht, aber die Bösen kennen die
Guten.*** Ein Muster, das sich in einem inneren System der
dissoziativen Identitätsstörung[1] findet, wenn die "böse" Alter-
Persönlichkeit (Mr. Hyde) genau weiß, dass die "gute" Alter-
Persönlichkeit (Dr. Jekyll) existiert. Die "gute" Alter-
Persönlichkeit ist die öffentliche, sichtbare und wohlwollende
Fassade, die beleuchtete Spitze eines Eisbergs, der eine ganze
okkulte, unsichtbare Innenwelt enthält.... Ein Schema, das sich
also auf die Freimaurerei und ihre ganz besondere hierarchische
und selektive Organisation übertragen lässt, wo paradoxerweise
die *erleuchtete* oder *illuminierte* Spitze - der Pyramide - der
okkulteste und unsichtbarste Aspekt ist, zu dem nur eine
Minderheit Zugang hat (*Illuminaten-Hochgradfreimaurerei*).

---

[1] http://mk-polis2.eklablog.com/le-trouble-dissociatif-de-l-identite-tdi-trouble-
de-la-personnalite-mu-p634661

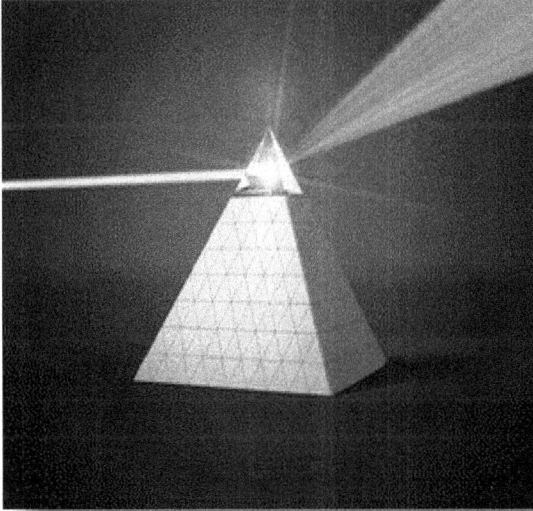

Der Freimaurer-Autor Manly P. Hall hat diese beiden sehr unterschiedlichen Aspekte der freimaurerischen *Organisation* klar beschrieben: *"Die Freimaurerei ist eine Bruderschaft, die in einer anderen Bruderschaft verborgen ist: eine sichtbare Organisation, die eine unsichtbare Bruderschaft der Auserwählten verbirgt... Es ist notwendig, die Existenz dieser beiden getrennten und doch voneinander abhängigen Ordnungen, der einen sichtbaren und der anderen unsichtbaren, festzustellen.* Die sichtbare Organisation ist eine prächtige Kameradschaft aus "freien und gleichen Männern", die sich ethischen, erzieherischen, brüderlichen, patriotischen und humanitären Projekten widmen. *Die unsichtbare Organisation ist eine geheime Bruderschaft, höchst erhaben, majestätisch an Würde und Größe, deren Mitglieder sich dem Dienst an einem geheimnisvollen "Arcanum arcandrum", d.h. einem verborgenen Geheimnis, verschrieben haben."*
("Conferences on Ancient Philosophy", Manly P. Hall, S. 433)

Die Freimaurerei ist keine "einteilige" Geheimgesellschaft, sondern eine Überlagerung von ineinander verschachtelten Geheimgesellschaften. Der ehemalige Freimaurer Olivier Roney, Autor des Buches *"Gustave Flaubert et le Grand-Orient de France"*, nennt zum Beispiel die Gnostische Kirche innerhalb des Grand Orient de France, die Martinistischen Bewegungen, aber auch die Alchemistenschulen *und* andere. Dabei ist zu beachten, dass diese freimaurerischen Gruppen aktiv den fortgeschrittensten Okkultismus praktizieren, während die Logen der ersten Grade die Existenz dieser esoterischen Schulen völlig ignorieren: Alles ist ultra abgeschottet und ultra selektiv.

Die Freimaurerei verkündet immer wieder öffentlich, dass sie nicht geheim, sondern *"diskret"* ist, und zwar durch unaufhörliche Kommunikationskampagnen, die sich an Laien richten. Auf diese Weise soll die öffentliche Meinung weichgeklopft werden, um den Begriff des *Geheimnisses* als Synonym für Dunkelheit, die dem Image der Logen schaden könnte, zu verdrängen... und doch... Das **Geheimnis** ist das Herzstück des freimaurerischen Systems: Der Beweis dafür ist, dass der Eingeweihte der ersten Grade keine Ahnung hat, was ihm die höheren Grade an Initiationsritualen bieten werden, er schreitet blind durch seinen freimaurerischen Aufstieg zum *Licht*, denn es ist den Freimaurern strengstens untersagt, einem Eingeweihten der unteren Grade etwas aus den höheren Graden zu verraten. Allein die Tatsache, dass es "*Kleine Mysterien*" gibt, die den ersten drei Graden zugänglich sind (blaue Logen), und "*Große Mysterien*", die den höheren Graden vorbehalten sind, beweist laut dem Ägyptologen FM Johann Christoph Assmann, dass diese Initiationssekte eindeutig eine *GEHEIME* Gesellschaft ist und nicht eine *DISKRETE*, wie sie es gerne glauben machen möchten ... selbst wenn sie vermehrt "Tage der offenen Tür" für Laien veranstalten, **denen dann die materielle Ausstattung des Tempels gezeigt wird.... Die Rückseite der spirituellen Kulisse wird immer streng geheim bleiben.**

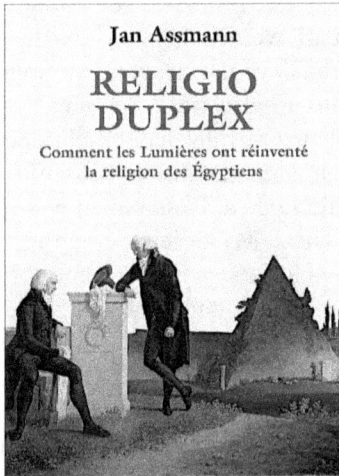

Assmann, der die antiken sogenannten Mysterienkulte, insbesondere die ägyptischen, untersucht hat, spricht von einer *Religio Duplex* (Doppelreligion). **Er bestätigt diese Vorstellung von Dualität und Geheimnis, indem er eine Religion mit zwei Gesichtern beschreibt: die exoterische Seite, die für die nicht eingeweihte Masse bestimmt ist (das Schaufenster), und die esoterische Seite (die Mysterien), die für die Eliten bestimmt ist, d. h. eine verborgene Spiritualität, die im Geheimen praktiziert und weitergegeben werden muss.** Diese Form der "Doppelreligion" wendet die Begriffe der Doppelsprache oder der doppelten Bedeutung von Zeichen und Symbolen an und täuscht den Laien, der nicht in der Lage ist, Zugang zu den Großen Mysterien zu erhalten. Albert Pike beschreibt dies, wenn er schreibt: "*Sie bedient sich falscher Erklärungen, um ihre Symbole zu interpretieren, um diejenigen*

in die Irre zu führen, die es verdienen, in die Irre geführt zu werden, um ihnen die Wahrheit vorzuenthalten". Diese Kulte mit "doppeltem Boden" bewahren also eine Gnosis, die nur den Auserwählten zugänglich ist... Es handelt sich um die verborgene Bruderschaft, die oben von Manly P. Hall und seinem *"Arcanum arcandrum"* beschrieben wurde.

Das bedeutet, dass die verborgenen *"Mysterien"* den jungen Eingeweihten nicht sofort offenbart werden können, da diese dann vor der Sekte und ihren Lehren davonlaufen würden. So ist zum Beispiel der **Phallismus** oder **Phalluskult**, der von dem Freimaurer Jacques-Antoine Dulaure ausführlich beschrieben wurde und auf den wir später noch zurückkommen werden, für den Anfänger, der gerade erst in die Loge aufgenommen wurde, nicht ohne Weiteres annehmbar. Diese Mysterien werden nach und nach in die Seele *des Anwärters* auf *Erleuchtung* eingeflößt, wobei eine freimaurerische Infusion nach und nach die Seelen aussortiert, die in der Lage sind, die luziferische Realität ihrer Logen zu betreten (und anzunehmen). Der Leser, der hier durch die Verbindung der Loge mit dem Luziferismus schockiert sein könnte, wird feststellen, dass die Akte, die er in den Händen hält, diese Behauptung nach und nach untermauert...

Hier zitieren wir den Freimaurer-Hochgeweihten Manly Palmer Hall: *"Wenn ein Freimaurer erfährt, dass die Bedeutung des Kriegers auf dem Brett in Wirklichkeit einen Dynamo darstellt, der lebendige Kraft freisetzt, dann entdeckt er das Geheimnis seines edlen Berufs.* **Die brodelnden Energien Luzifers sind in seinen Händen. Bevor er beginnen kann, voranzuschreiten und aufzusteigen, muss er beweisen, dass er diese Energien richtig nutzen kann (...) Der Mensch ist ein Gott in der Herstellung, und genau wie in den mystischen Mythen Ägyptens mit dem Töpferrad muss er geformt werden."** ("The Lost Keys To Freemasonry" - Manly P. Hall, 1976, S. 48)

Das gehörnte Idol des Baphomet, das Satanisten lieb und teuer ist

Der ehemalige Freimaurer Serge Abad-Gallardo, Autor des Buches **"Ich diente Luzifer, ohne es zu wissen"**, sagte, dass *die meisten Freimaurer natürlich nicht in die Freimaurerei eintreten, um Luzifer anzubeten ... obwohl es im 29^{igsten}Grad eine*

Anbetung von Baphomet gibt, oder genauer gesagt einen Knicks vor Baphomet. (Radio Notre Dame - 01/03/2019)

Bemerkenswert ist auch die große spirituelle Schizophrenie der Freimaurerei. Die Freimaurerei erklärt öffentlich, dass "jede Religion entfremdend ist", funktioniert aber selbst mit Riten, Ritualen, Zeremonien und einem gemeinsamen Glauben, insbesondere an den GADLU (Großen Architekten des Universums). Freimaurerei hat auch "Adepten", also Anhänger. Sie hat ihre "Anhänger" ... ist sie nicht eine Religion? **Sie ist die Religion der Republik, wie es der Freimaurer Oswald Wirth formulierte...**

Cecilia Gatto Trocchi, Professorin für Anthropologie an der Fakultät für Politikwissenschaften der Universität Perugia und Initiierte einer Freimaurerloge, erklärte in einem italienischen Fernsehsender: "*Als ich mich mit Esoterik und Okkultismus, Satanismus, schwarzen Messen usw. befasste, dachte ich, dass es hier etwas Großes gibt ... Ich fand heraus, dass es sich tatsächlich um einen langen Strom von Menschen handelt, die vom Marxismus zur Esoterik übergegangen sind, von einer positivistischen und materialistischen Sicht des Lebens zu einer spiritualistischen und energetischen Sicht. Dies geschah in dem Bestreben, die Kräfte des Bösen zu beschwören, um mehr Macht, Wissen und damit Einfluss auf die Welt zu erlangen (...)*

Es gab einen Transfer vom materialistischen Säkularismus zu einer esoterischen und gnostischen Welt, die den Okkultismus hervorbrachte. Der Pakt mit dem Teufel ist in der abweichenden Freimaurerei vorhanden, die Satan entlastet. In der Loge, der ich angehörte, einer gemischten Loge, wurde das Gedicht "Die Hymne an Satan" von Carducci aufgeführt. Diese Leute glauben, dass Satan/Luzifer den Menschen einen großen Gefallen getan hat, indem er ihnen die Frucht der Erkenntnis gegeben hat, d.h. der Teufel wird dadurch entlastet und als großer Verbündeter der Menschheit angesehen". (*Enigma*, Rai 3 - 27.02.2004)

Cecilia Gatto Trocchi
antropologa

Wie bereits erwähnt, behauptet Albert Mackey, dass die Freimaurerei sowohl einen hellen als auch einen dunklen Aspekt hat. **Sie hat ihre Wurzeln unter anderem im Gnostizismus, wo wir diese Vorstellung von "Licht" versus "Dunkelheit" finden, eine wesentliche Sache in der gnostischen Theologie.** Einige Überlebende von rituellem Missbrauch und Bewusstseinskontrolle berichten, wie die Täter absichtlich diese Spaltung - oder Dualität - in ihnen kultiviert haben, wobei ein Teil ihrer Persönlichkeit auf der *Seite des Lichts* steht (z. B. durch den Besuch christlicher Messen), während ein anderer Teil ihrer Persönlichkeit auf der *Seite der Dunkelheit* ungesunde und traumatische rituelle Praktiken erduldet und an ihnen teilnimmt - *Dr. Jekyll & Mr.* Hyde.

Der Relativismus, der den Freimaurern am Herzen liegt, ist typisch für den Gnostizismus und ermöglicht es, jegliche Vorstellung von Gut und Böse auszulöschen. **Es handelt sich um das freimaurerische Prinzip der Kombination oder "Synthese der Gegensätze", dessen höchstes Symbol der schwarz-weiße Mosaikstein ist, der im Zentrum der Loge und der Initiationsrituale steht.**

Die schändlichen Praktiken, auf die wir später in den Zeugenaussagen eingehen werden, sind nur eine Form der Überwindung von Gut und Böse und verleihen diesen *Eingeweihten* eine Art Gefühl der Überlegenheit gegenüber der Masse. Die gewalttätigen und manchmal mörderischen Rituale sowie die extreme sexuelle Ausschweifung dieser Sekten sind mit den Begriffen Überschreitung, Exzesse aller Art und Verletzung der gesellschaftlichen Moral zu verbinden. Diese Rituale werden als das ultimative Mittel gesehen, um die menschliche Kondition und die soziale Ordnung zu überwinden und eine Art Transzendenz des Menschlichen zu erreichen, umso mehr, wenn dies mit veränderten Bewusstseinszuständen aufgrund von Drogen und dissoziativen Zuständen einhergeht.

Philanthropie VS Psychopathie?

Wir stellen fest, dass die Freimaurerei eine Seite hat, die als "hell" bezeichnet werden kann, die Seite, die sie gerne in der Öffentlichkeit und im weltlichen Bereich hervorhebt: ihren großen *"Humanismus"* und ihre sehr großzügige *"Brüderlichkeit"*.

Tatsächlich ist Philanthropie (Kultur, Wissenschaft und humanitäre Hilfe) eine der großen Säulen der Freimaurer-Sekte, sie ist die Freimaurerei in ihrem schönsten Gewand, während paradoxerweise schurkische, ja sogar kriminelle Geschäfte unter Freimaurern in Hülle und Fülle vorhanden sind...

Die hohen Kreise der Freimaurer sind grundsätzlich dualistisch. Diese Individuen sind bestrebt, ihre schlechten Werke durch gute Werke auszugleichen. Die größten Philanthropen sind sehr oft hochrangige Luziferianer, da ihre "Großzügigkeit" ihren eigenen Interessen dient.

In den Konstitutionen von Anderson, einem der Gründungstexte der Freimaurerei, ist eine völlige Phasenverschiebung zwischen dem, was sie verkündet, und dem, was sie tut, zu beobachten. *Suche nach Wahrheit, Studium der Moral, materielle und moralische Verbesserung, intellektuelle und soziale Vervollkommnung, gegenseitige Toleranz, Achtung vor anderen und vor sich selbst, Gewissensfreiheit* usw. sind die Regeln, die in den Herzen der Freimaurer herrschen sollen ... die in der Tat nur fehlbare Menschen sind ... Aber es genügt, den Zustand dieser Welt zu betrachten, seit die Menschheit diesem freimaurerischen Trugschluss unterworfen wurde, um den Betrug zu verstehen, den dieser von guten Gefühlen triefende Humanismus für so wenig Ergebnisse darstellt... oder für ein so großes Chaos, sagen wir...

Éliphas Lévi ironisierte das republikanische Motto der Freimaurer folgendermaßen: *"Freiheit für die Begierden, Gleichheit in der Niedertracht und Brüderlichkeit für die Zerstörung."* (*Geschichte der Magie* - 1913, Buch V, Kap. VII)

Es sei an den Skandal um die Loge *Propaganda Due* erinnert, der in den 1980er Jahren in Italien aufflammte. Die Freimaurerloge "P2" (Grand Orient d'Italie), die damals von Licio Gelli geleitet wurde, war im Rahmen einer *"Strategie der Spannung"* in mehrere Kriminalfälle verwickelt, insbesondere in politische Korruption, aber auch in das Attentat auf den Bahnhof von Bologna im Jahr 1980. Diese mächtige und elitäre Freimaurerloge, die mit der Mafia *in* Verbindung stand, wurde damals *als "Staat im Staat"* oder *"Schattenregierung"* bezeichnet. Zu ihren Mitgliedern zählten Abgeordnete und Senatoren, Industrielle, aber auch hochrangige Militäroffiziere, Geheimdienstchefs, Richter, Bankiers, Pressechefs usw...

Ein "Staat im Staat"?! Unter diesem Titel veröffentlichte die französische Journalistin Sophie Coignard ihr Buch "Recherche sur les réseaux maçonniques hexagonaux" (Untersuchung der Freimaurer-Netzwerke in Frankreich). *"Man muss verstehen, dass die Freimaurerei mehr ist als ein soziales Netzwerk, sie ist wirklich ein Staat im Staat"*, sagte sie in der Nachrichtensendung von France 2. Sie trat auch in ein *Fettnäpfchen*, als sie erklärte: *"Wenn ein Richter Freimaurer ist, der Angeklagte Freimaurer ist und sein Anwalt Freimaurer ist, eventuell auch der Gerichtsgutachter, dann kann das ein Problem darstellen! Und ich habe natürlich Beispiele!"* (Sendung *"Revu & Corrigé"*, France 5 - 24/03/2009)

Sophie Coignard
UN ETAT DANS L'ETAT

LE CONTRE-POUVOIR MAÇONNIQUE

Albin Michel

Die Rechtsprechung ist Gegenstand einer Eidesleistung, wenn Sie Magistrat werden, legen Sie einen Eid ab... Wenn Sie Freimaurer sind, welcher der beiden Eide überwiegt den anderen im Moment des Urteils? Es ist offensichtlich, dass auf der Ebene der Justiz diese freimaurerischen Kollusionen ein ernsthaftes Problem darstellen...

Im Fall des Versicherers von Arras (Jacques Heusèle), der höchstwahrscheinlich rosa Ballette organisierte (Pädokriminalität), behauptete der Anwalt Bernard Méry, eine Richterin habe ihm klar gesagt: *"Maître, on ne peut rien faire dans ce dossier, vous avez la Franc-maçonnerie... Qu'est-ce que vous voulez faire contre la Franc-maçonnerie?"* (Les Faits - Karl Zéro)... Wir werden darauf zurückkommen.

Nahezu alle Personen, die in der Affäre um die Partys im Carlton in Lille angeklagt wurden, waren Freimaurer der GODF. Die Fakten deckten ein System der *schweren Zuhälterei in organisierten Banden* auf, aber auch der *Hehlerei wegen Missbrauchs von Gesellschaftsvermögen*, *Betrug* und *Vertrauensbruch*. Die drei mit dem Fall *betrauten* Richter erklärten, dass es sich bei der Affäre *um das Werk freimaurerischer, libertärer und politischer Netzwerke* handelte. Es ist anzumerken, dass ein Kommissar, der selbst Freimaurer war, die Polizeidateien nutzte, um diesem Netzwerk Informationen zu liefern...

Im Jahr 2013 führte die Polizei in Battle Creek (Michigan) in den USA eine Razzia in einem Freimaurertempel durch, nachdem mehrere nackte Personen hinter den Fenstern des Gebäudes gesichtet worden waren. Der erste Polizist, der durch die Tür trat, sagte, er sei angesichts einer *"außer Kontrolle geratenen"* Situation *"schockiert"* gewesen. Der Polizist sagte einer am *Tatort* anwesenden Journalistin: *"Ich sah ein Paar bei gewalttätigem Sex, umgeben von vielen nackten Frauen, es gab Drogen und Männer filmten die Szene."* Laut der Journalistin, die mit Anwohnern sprechen konnte, war es nicht das erste Mal, dass in diesem Tempel eine Dreierparty stattfand... Es geht hier nicht darum, die "Hosenlatzpolizei" zu machen, sondern diese freimaurerische Tendenz zur totalen Enthemmung zu beleuchten, die darauf abzielt, die gesellschaftliche Moral, die *Tabus* und jegliche Vorstellung von Gut und Böse zu überwinden. Wie wir sehen werden, haben diese orgiastischen Aktivitäten ihre Wurzeln in den alten Mysterienkulten und sexualmagischen Riten, insbesondere im Dionysiuskult und den Bacchanalien. Wir werden sehen, dass einige Freimaurer diese abartigen Praktiken auf die Spitze zu treiben scheinen, indem sie nicht einwilligungsfähige Kinder und Erwachsene in traumatische rituelle Misshandlungen verwickeln...

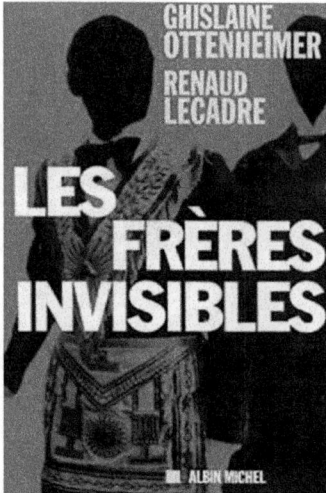

Ghislaine Ottenheimer und Renaud Lecadre, Autoren des Buches *"Les Frères Invisibles"* (*Die unsichtbaren Brüder*), berichten, dass mehrere Freimaurer vor ihnen über die *"Methoden, die der schlimmsten schwarzen Serie würdig sind und die von einigen Brüdern angewandt werden, um ihre ehrenwerten Partner zu kompromittieren"*, gesprochen haben: **die Nutzung von Orten für Orgien mit Einwegspiegeln, die es ermöglichen, Fotos zu machen, ohne zu vergessen, dass kleine Kinder in diesen "Honigfallen" benutzt werden können.** Auf diese Weise hält sich jeder an seinem Kinnbart fest. Ottenheimer erklärte auch im Express, dass *Richter befürchten, dass ihr Verfahren wegen freimaurerischer Verbindungen aufgehoben wird* (...) *Die freimaurerische Justiz schreibt vor, dass ihre Mitglieder vor jeder Klage vor den Gerichten der Republik zuerst ihre Hierarchie fragen müssen. Einige wurden sogar ausgeschlossen, weil sie einen der Ihren vor einem Zivilgericht verklagten, ohne den Willen der hohen Grade zu berücksichtigen, die Angelegenheit zu vertuschen. Wie kann man an die Unparteilichkeit dieser freimaurerischen Justiz glauben?*

In Karl Zeros Dokumentarfilm *"Die Datei der Schande"*

(Zandvoort-Affäre) sieht man Juan Miguel Petit, den Berichterstatter für die UN-Menschenrechtskommission, erklären:

"Es gab Beschwerden und genaue Anzeigen von Müttern, die angaben, von Gruppen verfolgt zu werden, die mit Mafias oder Logen gleichgesetzt werden können und die Kinderpornografie organisieren. " Nach seiner Untersuchung in Frankreich schrieb Juan Miguel Petit in seinem Bericht[2] im Jahr 2003: *"In mehreren Fällen, die dem Sonderberichterstatter gemeldet wurden, wurde darauf hingewiesen, dass Personen, die des (Kindes-)Missbrauchs beschuldigt wurden, enge Verbindungen zu Mitgliedern des Justizapparats oder zu Personen in hohen Positionen in der öffentlichen Verwaltung hatten, die in der Lage waren, den Ausgang der Verfahren zu ihrem Nachteil zu beeinflussen.*

Nur wenige Menschen wissen, dass der als *"Oger der Ardennen"* bezeichnete pädokriminelle Psychopath Michel Fourniret ein Freimaurer war. Es war der Journalist Oli Porri-Santoro, der in seinem Buch *"Der Sohn des Ogers"* Fournirets Mitgliedschaft in der Freimaurerei des Grand Orient de France in der Loge *"Frères Unis Inséparables"* enthüllte. Oli Porri-Santorro, der damals selbst Freimaurer **war, behauptet, er sei unter Druck gesetzt und bedroht worden, um ihm zu verbieten, in seinem Buch diese Verbindung zwischen Fourniret und den Freimaurern zu erwähnen.** Ob *der Unhold aus den Ardennen* ein isoliertes Raubtier war, wie es uns dargestellt wurde, oder ob er mit einem

---

[2] http://ekladata.com/619tRjph2N9yyTQQCvlopK-Pac8/rapport-onu-juan-manuel-petit-2003.pdf#viewer.action=download

pädokriminellen Netzwerk in Verbindung stand, ist eine andere Geschichte...

Es ist *die "helle Seite der Brüder"*, wenn Mitglieder des Rotary Clubs (eine krypto-freimaurerische Gruppe, die hauptsächlich von Freimaurern gegründet wurde und aus Freimaurern besteht) in einer Supermarktpassage Weihnachtsbaumkugeln für bedürftige Kinder verkaufen oder Shriners (ein freimaurerischer Zweig) Kinderkrankenhäuser finanzieren und betreiben; es gibt aber auch Berichte, die diese friedliche Szenerie stören, indem sie von Gruppenvergewaltigungen an Kindern berichten, die bei Ritualen bis hin zu Blutopfern unter Beteiligung von Shriners oder Rotariern stattgefunden haben: "*Die dunkle Seite der Brüder* ... - **Dr. Jekyll & Mr. Hyde**.

Um die folgende Reihe von Aussagen besser verstehen zu können, wollen wir uns nun mit den antiken Mysterienreligionen befassen, deren Kontinuität die Freimaurerei für sich beansprucht. Diese heidnischen Praktiken könnten helfen, die dunklen Motive hinter dem Pädo-Satanismus zu verstehen, traumatische rituelle Misshandlungen, die zu tiefen dissoziativen Zuständen führen...

Mysterienreligionen, Heidentum und traumatische Initiationsrituale

Laut dem amerikanischen Schriftsteller und Redner Fritz Springmeier [3] war eines der Geheimnisse der Mysterienreligionen, insbesondere des ägyptischen Kults der Mysterien der Isis, die Fähigkeit, Drogen, Folter und Hypnose einzusetzen, um bei einem Menschen multiple Persönlichkeiten (dissoziative Identitätsstörung) zu erzeugen. Seinen Quellen zufolge werden heutzutage in den Hochgraden der Freimaurer und anderen esoterischen Hinterzimmern Sexsklaven (Männer oder Frauen) unter Gedankenkontrolle eingesetzt. Eine seit der frühen Kindheit programmierte Alter-Persönlichkeit kann bei bestimmten Ritualen als Priesterin dienen. Diese durch Traumata dissoziierten Sklaven werden Trancezuständen, dämonischer Besessenheit und allen Arten von perversen Ritualen unterzogen, die auf Sexualmagie basieren. [4]

Die Mysterien der Isis basierten im Wesentlichen auf Magie. Die ägyptische und isische Zauberei spielte in der gesamten Alten

---

[3] http://mk-polis2.eklablog.com/interview-de-fritz-springmeier-p635419

[4] http://mk-polis2.eklablog.com/magie-sexuelle-et-societes-secretes-jean-pascal-ruggiu-golden-dawn-a134245690

Welt eine beträchtliche Rolle, und diese okkulten Praktiken sind nicht mit der modernen materialistischen Welt ausgestorben: **Sie haben in der Lehre der initiatischen Geheimgesellschaften freimaurerischer Art fortbestanden.** "*Die alte Magie war das Fundament der Religion. Der Gläubige, der irgendeine Gunst von einem Gott erlangen wollte, hatte nur dann Aussicht auf Erfolg, wenn er die Hand auf diesen Gott legte, und die Hand wurde nur durch eine bestimmte Anzahl von Riten, Opfern, Gebeten usw. gelegt...*". (M. Maspero, *Études de mythologie et d'archéologie égyptiennes*. Paris, 1893, Band I, S.106)

Diese Kulte waren besonders im Mittelmeerraum vertreten, wir können zum Beispiel die babylonischen Zeremonien von *Inanna* **und** *Tammuz*, die ägyptischen Mysterien von *Isis* **und** *Osiris*, den *Orphischen* Kult, den Kult des *Bacchus (Dionysos)*, die Mysterien von *Eleusis*, *Mithras*, die *korybantischen* Rituale oder auch die Mysterien von *Attis* und *Adonis* nennen.

Einige aktuelle Zeugenaussagen scheinen zu bestätigen, dass die Verehrung von Dionysos / Bacchus und insgesamt alle diese heidnischen Religionen auch heute noch im Westen praktiziert werden. Das Buch *Ritual Abuse and Mind Control: The Manipulation of Attachment Needs* enthält die Aussage einer Überlebenden von satanischem rituellen Missbrauch und Gedankenkontrolle. Die Frau wurde in eine Familie hineingeboren, die diese Rituale angeblich von Generation zu Generation praktizierte, hier ein Auszug aus ihrem Zeugnis: "***Der erste Kindermord, an***

*den ich mich bewusst erinnere, war im Alter von vier oder fünf Jahren (...) Wir wurden in ein großes herrschaftliches Haus geführt, es war im Sommer anlässlich eines wichtigen Datums . Am Freitagabend gab es ein Ritual, gefolgt von einer Sexorgie, an der viele kostümierte Personen in diesem riesigen Wohnzimmer beteiligt waren. **Bacchus war einer der Götter, die sie verehrten.** Am nächsten Tag gingen wir nach draußen auf eine große Wiese, es waren etwa 100 Leute da, es war ein großes Ritual. **Meine Mutter lag auf dem Boden, sie hatte Wehen, um das Kind zu gebären. Das Kind wurde geboren, es war ein kleines Mädchen. X legte mir dann ein Messer in die linke Hand und vertraute mir bestimmte Dinge über dieses Kind an. Dann legte er seine Hand auf meine Hand und wir richteten das Messer auf die Brust des Babys und töteten es. Er entfernte das Herz, alle jubelten und tobten, dann wurde das Kind zerstückelt und verzehrt".*

Wir haben hier die Beschreibung einer Sekte, die sexuelle Verderbtheit und Blutopfer praktiziert und die der Laie als "satanisch" bezeichnen würde. Es handelt sich um den Kult um Bacchus / Dionysos, dessen Ursprünge auf den phallischen Kult des Osiris (verbunden mit der Fruchtbarkeit) im alten Ägypten zurückgehen, dessen Vorliebe für Blut und Wollust jedoch vervielfacht wurde. Unmoral, unerhörte Zügellosigkeit der Sinne und die Praxis der Hochhexerei finden sich in den meisten initiatischen Geheimgesellschaften. Laut dem Freimaurer J-M Ragon ist die Freimaurerei eine "*Erneuerung, eine Fortsetzung der Mysterien Ägyptens*", wobei diese heidnischen Geheimlehren in einer Gnosis, die den "Auserwählten" vorbehalten ist, erneuert werden...

Das orgiastische Ritual im Film *Eyes Wide Shut*, oder als Stanley Kubrick **die Verehrung des Bacchus** auf die Leinwand brachte

Der Freimaurerorden stützt sich auf eine Abstammung, die nicht nur die Rituale der Kathedralenbauer enthält, sondern auch Riten, die aus verschiedenen antiken Kulten stammen, wie z. B. Mysterienreligionen, die, wie wir sehen werden, traumatische Initiationsrituale beinhalten. In seinem Buch *"Sohn der Witwe"*

analysiert Professor Jean-Claude Lozac'hmeur die Verbindungen zwischen der zeitgenössischen gnostischen freimaurerischen Tradition und der Mythologie. Er kommt zu dem Schluss, dass der Mythos vom *Sohn der Witwe*, der den Freimaurern am Herzen liegt, ein echtes Gleichnis enthält, das auf verschleierte Weise eine geheime Tradition weitergibt, mit der ursprünglich ein Initiationskult verbunden war. Die Entschlüsselung dieser symbolischen Erzählung offenbart eine dualistische Religion, in der ein *böser Gott,* der die Sintflut verursacht hat, einem *guten Gott* prometheischer (luziferischer) Art gegenübergestellt wird. **Der *gute Gott* der verschiedenen Gnostiker wäre demnach Luzifer, der sich unter seinem schönsten Gewand versteckt, ein "Gott des Befreiers", der die Eingeweihten mit dem Licht der Erkenntnis erleuchtet...**

In dem Buch *"Die antike griechische Welt"* schreibt Marie-Claire Amouretti über den Mysterienkult des Bacchus / Dionysos:

"Dionysos erscheint als der befreiende Gott, der Gott des Weins und des ungezügelten Verlangens. Der gesamte bürgerliche und familiäre Rahmen bricht bei diesen Festen, die Euripides in seinen Bakchen so eindrucksvoll beschwört, zusammen: Der

körperliche Rausch und die sexuelle Freiheit drücken ein tiefes Bedürfnis aus, sich von einem bürgerlichen, moralischen und familiären System zu befreien."

Marcel Détienne schreibt in seinem Buch "*Dionysos mis à mort"*: *"Die Anhänger des Dionysos versauern und verhalten sich wie wilde Tiere (...) Der Dionysismus ermöglicht es, dem Menschsein zu entfliehen, indem man von unten, von der Seite der Tiere, in die Bestialität flüchtet."*

In der dionysischen Welt werden Praktiken, die aus Gruppenzeremonien bestehen, bei denen **Blutopfer, ekstatische Tänze und erotische Rituale** stattfinden, als *"Orgiasmus"* bezeichnet. Dionysos tritt als Doppelaspekt eines Gottes der Natur und eines Gottes der orgiastischen Praktiken auf, ähnlich wie Shiva in Indien oder Osiris in Ägypten. **Der Orgiasmus zielt auf die Dekonditionierung des Wesens ab, das für einen Moment zu seiner tiefsten und unterdrücktesten Natur zurückkehrt: die Tür zu den schlimmsten** Auswüchsen...

Laut dem römischen Historiker Titus Livy, dem Autor von "*Rome and the Mediterranean"*, hatten die Römer, die den Mysterienkult des Bacchus untersuchten, herausgefunden, dass **seine Rituale sexuelle Überschreitungen und Blutopfer beinhalteten.** Dabei handelt es sich um den historisch gut belegten "**Bacchanalskandal**".

Diese verschiedenen alten Sekten scheinen die Vorstellung von der Fruchtbarkeit der Mutter Erde mit der Fruchtbarkeit des Menschen vermischt zu haben und badeten so in rituellen Orgien und Blutopfern, die an einen bestimmten Kalender gebunden waren, um die Götter und Göttinnen zu ehren und ihnen Opfer darzubringen. Der satanische rituelle Missbrauch, die Blutopfer und die Sexualmagie, die auch heute noch stattfinden, gehen auf diese alten babylonischen Praktiken zurück.

In seinem Buch *"Les Divinités génératrices"* (*Die erzeugenden Gottheiten*) bestätigt uns Jacques-Antoine Dulaure (damals Freimaurer der *Osiris-Loge in Sèvres*), dass der Mysterienkult des Bacchus aus Ägypten stammt und mit dem Phalluskult (der Anbetung des Penis) verbunden ist. Dulaure schreibt in seinem Buch: "*Herodot und Diodorus von Sizilien stimmen darin überein, dass der Bacchuskult durch einen Mann namens Mélampous, der von den Ägyptern in einer Vielzahl von Zeremonien unterrichtet worden war, nach Griechenland gebracht wurde. Melampous, der Sohn des Amythaon, hatte, wie Herodot sagt, große Kenntnisse über die **heilige Zeremonie des Phallus**. Er war es in der Tat, der die Griechen über den Namen Bacchus und die Zeremonien seines Kultes unterrichtete und **die Prozession des Phallus** unter ihnen einführte (...) Alles, was diese Mysterien am heiligsten sind, was so sorgfältig verborgen wird, was man erst sehr spät erfahren darf, was die Minister*

des Kultes, die Epopten genannt werden, so sehnlich wünschen lassen, ist das Simulakrum des männlichen Gliedes. "

Das Freimaurerbuch "*The Master Mason*" (Grand Lodge F.&A.M. of Indiana, Committee on Masonic Education) beschreibt deutlich die Verbindung zwischen den Mysterienkulten der Antike und der modernen Freimaurerei: "*Die Idee, die hinter der Legende von Hiram steht, ist so alt wie das religiöse Denken der Menschen. Die gleichen Elemente existierten in der Geschichte von Osiris, die von den Ägyptern in ihren Tempeln gefeiert wurde, genauso wie sich die alten Perser mit ihrem Gott Mithras darauf beriefen. In Syrien enthalten die Dionysischen Mysterien mit der Geschichte von Dionysius und Bacchus, einem Gott, der gestorben und wieder auferstanden ist, sehr ähnliche Elemente. Es gibt auch die Geschichte von Tammuz, die so alt ist wie alle anderen. All das bezieht sich auf die alten Mysterien. Sie werden von Geheimgesellschaften, genau wie unsere, mit allegorischen Zeremonien gefeiert, bei denen die Eingeweihten in diesen alten Gesellschaften von einer Stufe zur nächsten aufsteigen. Lesen Sie diese alten Geschichten und wundern Sie sich über die Anzahl der Menschen, die alle dieselbe große Wahrheit auf dieselbe Weise empfangen haben.*"

In seinem Buch "*Symbolism of Freemasonry or Mystic Masonry*" schreibt der Freimaurer 32. Grades J.D. Buck, dass die "*Freimaurerei nach dem Modell der alten Mysterien mit ihren Symbolen und Allegorien gestaltet ist, dies ist aufgrund der starken Ähnlichkeiten weit mehr als ein Zufall.*"

1896 schrieb Albert Mackey in "*History of Freemasonry*" über die Verbindung zwischen Freimaurerei und Mysterienreligionen: "*Es ist bekannt, dass es in den Mysterien ebenso wie in der Freimaurerei feierliche Verpflichtungen zur Geheimhaltung mit Strafen für den Bruch des Eides gibt. Ich habe die Analogien zwischen den alten Mysterien und der modernen Freimaurerei nachgezeichnet (...) Die Freimaurerei ist die ununterbrochene Kontinuität der alten Mysterien, die Nachfolge dessen, was durch die Einweihungen des Mithras weitergegeben wurde.*"

Eine Mithrasgruft, Vorläufer der modernen Freimaurerloge

Die Analogien zwischen dem Mysterienkult des Mithras und der zeitgenössischen Freimaurerei sind zahlreich und unbestreitbar. In seinem Buch *"Sohn der Witwe"* führt Jean-Claude Lozac'hmeur mehrere dieser Ähnlichkeiten an. Zunächst einmal war die Mysterienhalle des Mithras unterirdisch und verfügte über eine Krypta, deren Decke mit Sternen verziert werden konnte, die das Universum symbolisierten, genau wie die Decke der Freimaurer-Tempel. Beide Kulte hatten eine ähnliche Raumaufteilung: Auf jeder Längsseite des Raumes waren Bänke aufgestellt, zwischen denen im Mithras-Tempel vier kleine Säulen und im Freimaurer-Tempel drei Säulen standen. Den beiden Säulen *Jakin* und *Boas* der modernen Logen entsprechen die beiden Säulen, die die Basreliefs des Mithras einrahmen. Schließlich und vor allem beinhalten beide Kulte eine Initiation, der Prüfungen vorausgehen, und sie umfassen auch mehrere Initiationsgrade. Das Initiationsritual des ersten Grades der Freimaurer ist nahezu identisch mit den Darstellungen der Initiation in den Mithraismus. In beiden Fällen sind die Augen des Kandidaten mit einer Augenbinde verhüllt, die eine Figur hinter ihm hält, und in beiden Fällen präsentiert der Zeremonienmeister dem Kandidaten ein Schwert. Bei der Mithras-Initiation ist der Kandidat nackt und sitzt mit auf dem Rücken gefesselten Händen, während bei der freimaurerischen

Initiation ein Arm und ein Bein nackt sind und der Kandidat mit freien Händen steht. Es ist mehr als wahrscheinlich, dass wir es hier mit demselben Kult zu tun haben, der die Jahrhunderte überdauert hat.

Albert Pike selbst gab zu, dass die Freimaurerei ein Überbleibsel der *vorsintflutlichen* Religion ist, d. h. der Mysterienreligion, der babylonischen Religion: *"Die Legende von den Granit-, Messing- oder Bronzesäulen, die die Sintflut überlebten, soll die Mysterien symbolisieren,* **deren legitime Nachfolge die Freimaurerei ist."** Albert Mackey führt in *"The History of Freemasonry"* aus, dass *die traditionelle Geschichte der Freimaurerei bereits vor der Sintflut beginnt. Es gab ein System der religiösen Unterweisung, das aufgrund seiner Ähnlichkeit mit der Freimaurerei auf legendärer und symbolischer Ebene von einigen Autoren* als *"**Antediluvian Masonry**" bezeichnet wurde.* In seinem Buch *"La Symbolique Maçonnique"* behauptet Jules Boucher, ebenfalls Freimaurer, , dass **"die heutige Freimaurerei nicht eine Überlebende der Mysterien des Altertums, sondern eine Fortsetzung der besagten Mysterien ist."**

Es ist legitim, sich mehrere Fragen zu stellen: Vermittelt die moderne Freimaurerei ähnliche Einweihungen und Kenntnisse wie die alten babylonischen Kulte? Hat dieses geheime freimaurerische Wissen eine auf dem Heidentum basierende Doktrin beibehalten, die unter anderem verdorbene Sexualpraktiken sowie Blutopfer und -taufen (Sexualmagie und Dämonologie) beinhaltet? Handelt es sich um die *parasitäre* Freimaurerei, die *schwarze* Freimaurerei mit ihren traumatischen Initiationsritualen, von der Albert Mackey spricht? Dieser Anspruch zahlreicher freimaurerischer Schriftsteller auf eine Abstammung von den schändlichsten "Mysterien" der Antike beweist, dass die Freimaurerei mit ihren Lehren und Praktiken zur Wiederherstellung des antiken

Heidentums in seiner größten Perversion tendiert. Sexualmagie sowie die Initiationsrituale des symbolischen Todes und der symbolischen Wiedergeburt sind das Herzstück der Mysterien der Hochgradfreimaurerei und der Hochgradhexerei. **Ohne Kenntnis dieser okkulten Praktiken ist es schwierig, die Zeugnisse satanischer ritueller Missbräuche zu verstehen und ihnen Glauben zu schenken, die das Verständnis des Laien übersteigen.**

In seiner Abhandlung über Sexualmagie schreibt Pierre Manoury über diese Rituale: "*Man muss wissen, dass sie in mehreren Traditionen rituelle Praktiken zur Energiemanipulation darstellen; von einigen sehr geschlossenen westlichen Gesellschaften, den Sabbaten der Hochhexerei, den griechischen Bacchanalien über priapées bis hin zu den orgiastischen Ritualen der Shivais (...) Einige Zweige der Magie sind ziemlich elitär, die Sexualmagie gehört zu diesen.*"

Im Vorwort zu ihrem Handbuch der Sexualmagie (*The Hanging Mystery*) gibt die russische Okkultistin Maria de Naglowska eine klare Ansage zu diesen esoterischen Praktiken: "*Göttlich gesehen besteht die Mission unseres Dreiecks darin, den Geist des Bösen auf den rechten Weg zu bringen, oder anders gesagt, in der Erlösung von Satan.*"

Pascal Beverly Randolph

MAGIA SEXUALIS

Tehnici sexuale de înlănţuire magică

Sexul este cea mai mare forţă magică a Naturii.

ANTET

Einer der "Väter" der westlichen Sexualmagie ist Paschal Beverly Randolph. Seiner Meinung nach "*ist die wahre sexuelle Macht die Macht Gottes*", die sowohl als mystische Erfahrung als auch für magische Praktiken genutzt werden kann, um Geld zu beschaffen, einen geliebten Menschen zurückzuholen oder für alle möglichen anderen Dinge... Randolphs Lehren über Sexualmagie waren in vielen europäischen Freimaurer-Geheimbünden und anderen esoterischen Bruderschaften, insbesondere im *Ordo Templi Orientis* (O.T.O.), weit verbreitet.

Randolph hatte einen religiösen Orden gegründet, der *sich der spirituellen Regeneration der Menschheit* widmete und den Namen Eulis-Bruderschaft trug, die 1874 offiziell gegründet wurde. Er erklärte, seine neue Sekte habe ihre Wurzeln in den Mysterien von Eleusis, einer der vielen alten griechischen Religionen der Antike. Randolph war auch mit der rosenkreuzerischen Tradition verbunden, aber er behauptete, dass die Bruderschaft von Eulis viel mehr mit den Mysterien verbunden sei als der Orden der Rosenkreuzer, der seiner Meinung nach nur ein Tor zum Heiligtum von Eulis sei: **Die tiefsten Geheimnisse von Eulis drehten sich größtenteils um sexualmagische Rituale, die mit dem Fruchtbarkeitskult der alten Mysterienreligionen in Verbindung stünden.** Sarane Alexandrian, die Autorin von "*The Sexual Magic: Breviary of Love* Sorceries*"*, berichtet in ihrem Buch, **dass es die Initiationsorganisationen, also die Geheimgesellschaften, waren, die es übernommen haben, die Eingeweihten in der Sexualmagie zu unterrichten.** Karl Kellner und Theodor Reuss, zwei hochgradige Freimaurer, waren die beiden Gründer des *Ordo Templi Orientis* (O.T.O.), der laut Alexandrian eine wahre Schule der Sexualmagie ist. 1912 veröffentlichte der O.T.O. in der Oriflamme: "*Unser Orden hat das große Geheimnis der Tempelritter wiederentdeckt, das der Schlüssel ist, der alle freimaurerische und hermetische Mystik erschließt, nämlich die Lehre der Sexualmagie. Diese Lehre erklärt ausnahmslos alle Geheimnisse der Natur, die gesamte Symbolik der Freimaurerei und das gesamte Räderwerk der Religion.*"

Alexandrian behauptet, dass das O.T.O. aus 12 Initiationsgraden besteht und dass man erst ab dem achten Grad beginnen kann, sich mit der Sexualmagie durch initiatorische Masturbation zu befassen. **Der siebte Grad konzentriert sich auf die Anbetung des Phallus unter dem Symbol des Baphomet.** Im neunten Grad wird die eigentliche Sexualmagie gelehrt, d. h. wie man den Geschlechtsakt vollzieht, um Kräfte zu erlangen.

Das Buch "*Secrets of the German* Sex *Magicians"* gibt die drei Initiationsgrade der Sexualmagie an, die von Aleister Crowley gelehrt und von den Mitgliedern der O.T.O. praktiziert wurden:

VIII° = Unterweisung in autosexuellen magischen Praktiken (Masturbation).

IX° = Unterweisung in heterosexuellen magischen Praktiken, Wechselwirkung zwischen Sperma und Menstruationsblut oder weiblichen Sekreten.

XI° = Unterweisung in homosexuellen magischen Praktiken, Isolierung des Anus (*per vas nefandum*), Sodomie, Wechselwirkung mit Exkrementen.

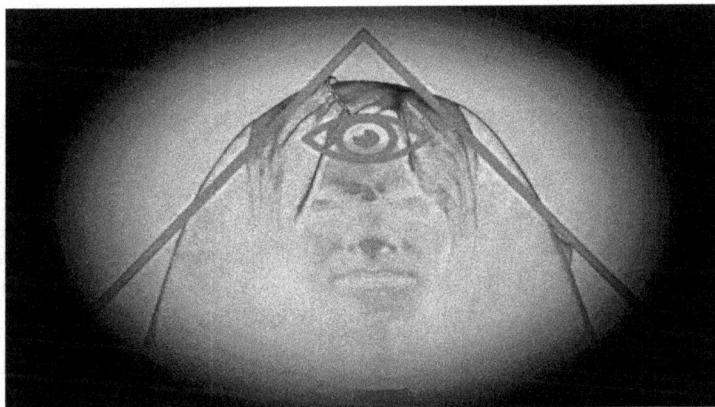

Wir stellen fest, dass die Lehren des O.T.O. im Bereich der Sexualmagie, die an letzter Stelle stehen, diejenigen sind, die mit dem Rektum in Verbindung stehen. In seinem Buch "*Shiva und Dionysos: Die Religion der Natur und des Eros*" schreibt Alain Daniélou: "*Es gibt ein ganzes Ritual, das mit der analen Penetration, mit der Kundalini verbunden ist* (...) *Dies erklärt einen männlichen Initiationsritus, der bei primitiven Völkern sehr verbreitet ist und* **bei dem erwachsene männliche Initianden mit Novizen Sex im Anus haben** *(...)....) Dieser Akt ist übrigens Teil der Anschuldigungen, die von ihren Kritikern gegen dionysische Organisationen und gegen einige Initiationsgruppen erhoben werden.*"

Frater U D∴ ∴ der Autor von "*Secrets of the German Sex Magicians*" behauptet, dass Okkultisten durch Sexualrituale veränderte Bewusstseinszustände anstreben, um das zu erlangen, was sie als *magische Kräfte* bezeichnen. Dieser Autor ermutigt seine Leser eindeutig dazu, Rituale zu praktizieren, die zu einer **Überwindung** sexueller Tabus führen, und er betont, dass "**wir durch die Anwendung bizarrer und ungewöhnlicher Praktiken Zugang zu veränderten Bewusstseinszuständen erhalten, die den Schlüssel zu magischen Kräften liefern.**" Das sind die Art von Aussagen, die die Zeugenaussagen über pädokriminelle rituelle Misshandlungen erklären könnten, deren Perversität das

Vorstellungsvermögen übersteigt und sogar bis hin zu Menschenopfern reicht.

Initiatische Wiedergeburtsrituale mit dem Durchlaufen eines symbolischen Todes waren etwas, das in den Mysterienreligionen weit verbreitet war. Diese Wiedergeburtsrituale haben ihre Wurzeln in den alten Fruchtbarkeitskulten, die mit der Muttergöttin verbunden waren. In den alten Mysterien wurde dem Eingeweihten durch die symbolische Vereinigung mit der *Mutter* die göttliche Allmacht versprochen, eine kosmische Vereinigung mit dem "Ganzen". In den Mysterien von Eleusis gab es eine Initiation, die als *"Dunkler Abstieg"* in die Mutter bezeichnet wurde. Der Hierophant wurde bei dieser dunklen Initiation von einer Priesterin begleitet, die die Göttin Mutter, den Abstieg in ihren Uterus, repräsentierte. Im Mithras-Kult stieg der Initiand in eine Grube hinab und das Blut eines Tieres wurde über ihn gegossen, infolge dieser Taufe und Wiedergeburt erhielt er die *nährende Milch*.

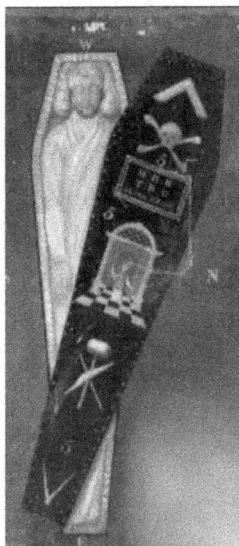

Die berühmte elitäre Geheimgesellschaft *Skull and Bones* praktiziert ein symbolisches Todesritual, bei dem der Eingeweihte nackt in einen Sarg gelegt wird und verschiedene traumatische Phasen durchlaufen muss, mit dem Ziel einer Wiedergeburt und einer Transformation seines Lebens. Für die *Skull and Bones* **stirbt** der **Eingeweihte** während der Nacht des Rituals *"für die Welt, um im Orden wiedergeboren zu werden (...) während er im Sarg auf einer symbolischen Reise durch die Unterwelt für seine Wiedergeburt ist...".* Der Eid, den der Eingeweihte bei diesem Wiedergeburtsritual ablegt, schwört dem geheimen Orden Treue, die alles übertrifft, was die profane Welt betrifft. In seinem Buch *"The Satanic Rituals: Companion to The* Satanic Bible*"* schrieb Anton Lavey, der Gründer der Satanskirche, Folgendes:

"Die Wiedergeburtszeremonie findet in einem großen Sarg statt, in ähnlicher Weise ist diese Sargsymbolik in den meisten Logenritualen zu finden." Das extremste Initiationsritual der Wiedergeburt, wie z. B. die **"Auferstehungszeremonie"**, besteht darin, extreme Traumata zuzufügen, um eine Nahtoderfahrung mit einem Astralaustritt herbeizuführen ... die an einem Erwachsenen oder ... einem Kind durchgeführt werden kann. **Zu lernen, wie man leidet, aber auch zu lernen, wie man andere leiden lässt, scheint Teil der dunklen Initiationen zu sein.**

Die Initiation von Kindern durch traumatische Rituale ist im Heidentum nichts Ungewöhnliches. Bei der Druideninitiation unterzogen sich die Kandidaten Ritualen, die sie dazu bringen sollten, Schmerz und Angst zu überwinden (Einsperren in Höhlen, Truhen oder Särgen), und zwar für mehrere Tage, um dann *wiedergeboren* hervorzukommen. Diese Initiationspraktiken, die als *mystisches Feuer* bekannt sind, zielten darauf ab, das *Aufflammen des Lichts* zu erreichen, d. h. einen tiefen dissoziativen Zustand. Der Experte für Druidentum und keltische Mythologie Ross Nichols schreibt in "*The Book of Druidry*", dass die Druiden *das Kind in das mystische Feuer tauchten oder kochten...* **Verstehen Sie, dass das Kind manchmal diesen dissoziativen Initiationsprüfungen unterzogen wurde.**

Der heilige Autor der Freimaurerei, J-M Ragon, schrieb, dass "*die Druiden der Bretagne, die ihre Religion aus Ägypten bezogen, die Orgien des Bacchus feierten.*" (F∴ J.M. Ragon, Cours philosophique. S. 62) Die Welt ist klein...?

Initiationsrituale traumatischer Art haben das Ziel, das Bewusstsein zu transzendieren. In ihrem Buch "*A Course of Severe and Arduous Trials*" erklärt Lynn Brunet, dass *die Prüfungen der alten Mysterienkulte darauf abzielten,* *veränderte Bewusstseinszustände zu erzeugen, eine mystische Erfahrung mit einem Zustand der Ekstase und der Vereinigung mit dem Göttlichen. Die Methoden beinhalteten die Ausnutzung von Schmerz, Angst, Erniedrigung und Erschöpfung.*

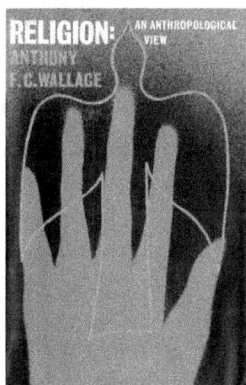

Dieser veränderte Bewusstseinszustand angesichts von Terror und extremen Schmerzen, dieses *Aufflackern von Licht* oder diese *Erleuchtung*, wird heute im Lichte der Psychotraumatologie als **Dissoziation** bezeichnet (siehe Anhang Nr. 3). Ein wesentlicher Punkt, den man verstehen muss, wenn man sich mit Pädokriminalität und insbesondere mit Pädosatanismus befasst. Dissoziative Zustände, die bis zur Spaltung der Persönlichkeit reichen, sind das Fundament, auf dem die mentale Programmierung - insbesondere die sexuelle Versklavung -, die bestimmte Gruppen von Okkultisten lieben, gedeihen kann...

In seinem Buch *"Religion: An Anthropological View"* beschreibt der Anthropologe Anthony Wallace einen *rituellen Lernprozess*, **der im Wesentlichen nach dem funktioniert, was er als** *"Gesetz der Dissoziation"* **bezeichnet. Er schreibt, dass diese Praktiken, die darauf abzielen, einen ekstatischen spirituellen Zustand herbeizuführen, indem sie die physiologischen Funktionen des Menschen direkt und roh manipulieren, in allen antiken und primitiven religiösen Systemen zu finden sind.** Wallace teilt diese Manipulationen in vier Hauptkategorien ein:

- 1) Drogen
- 2) Sinnesentzug und Kasteiung des Fleisches durch Schmerz
- 3) Schlafentzug
- 4) Entzug von Nahrung, Wasser oder Sauerstoff

Wallace beschreibt indirekt auf anthropologischer Grundlage die Ursprünge des satanistischen rituellen Missbrauchs und der Gedankenkontrolle. Er beschreibt, wie der Neophyt in einen Zustand versetzt wird, in dem er radikal von all seinem bisherigen Wissen dissoziiert ist, um neue Informationen zu erhalten. In diesen dissoziativen Zuständen wird die kognitive und affektive Umstrukturierung (Programmierung) erleichtert, da die Suggestibilität des Betroffenen vervielfacht wird. Wallace stellt fest, dass *die Wirksamkeit dieser Verfahren zur Herbeiführung physiologischer Veränderungen sogar in einem nicht religiösen Rahmen nachgewiesen wurde, insbesondere in klinischen Experimenten zu den Auswirkungen sensorischer Deprivation und verschiedenen Techniken der "Gehirnwäsche" oder der "Gedankenreform"*. Er bezieht sich hier auf das MK-Ultra-Programm.

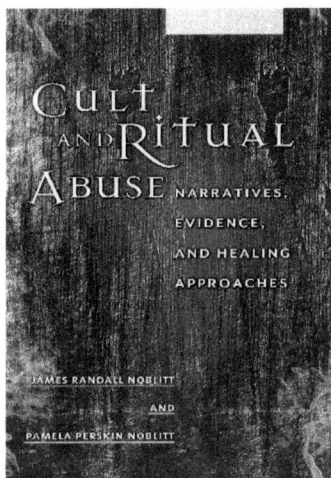

Anthony Wallace spricht von einem *ekstatischen spirituellen* Zustand, der durch bestimmte Rituale hervorgerufen wird, einer Ekstase, die durch einen tiefen dissoziativen Zustand hervorgerufen wird. Das Wort *Ekstase*, das aus dem Griechischen *ekstasis* stammt, bedeutet *aus dem Körper heraustreten*. Diese dissoziative *Erleuchtung* bei Traumata wird von manchen tatsächlich als ekstatisch angesehen, d.h. als ein Bewusstseinszustand, in dem Vergangenheit, Gegenwart und Zukunft transzendiert und vereint sind...

Vergewaltigungsopfer, Erwachsene wie Kinder, berichten sehr häufig von diesem Phänomen der extremen Dissoziation, **bei dem sie sich während des Dramas aus ihrem physischen Körper herausgezogen fühlen und** die Szene von außen beobachten, wobei sich die Gefühle und der körperliche Schmerz "verflüchtigt" haben.

Laut dem amerikanischen Psychologieprofessor James Randall Noblitt **wurden Traumata im Laufe der Geschichte immer wieder als Mittel zur Erzeugung veränderter Bewusstseinszustände** betrachtet: *"Es gibt viele Möglichkeiten, veränderte Bewusstseinszustände zu erzeugen. Natürlich kann man meditieren, hypnotisieren, Trommeln hören und sich ein bisschen gehen lassen ... aber es wird nichts wirklich Beeindruckendes passieren ...* **Ich bin davon überzeugt, dass vor langer Zeit einige Leute verstanden haben, dass, wenn man eine Person auf eine bestimmte Weise traumatisiert, man den Gott erschaffen kann, den man anbetet** (Dissoziation mit Astralausgang ist ein offenes Tor für die Besessenheit durch eine äußere Entität). *Aus diesem Grund haben viele alte Religionen* *das Trauma in ihre Anbetung einbezogen. Es gibt ein Buch zu diesem Thema: "God is a Trauma" (Gott ist ein Trauma), das sich insbesondere mit einigen traumatischen gnostischen Praktiken befasst, die bis in die Antike zurückreichen. Wir können noch weiter zurückgehen, bis ins Mittelalter, zum Schamanismus oder zum Druidentum.* **Dort begannen die Praktiken der mentalen Programmierung, als Einzelpersonen bemerkten, dass die Anwendung traumatischer Rituale dissoziative Zustände, dissoziative Identitäten, also Gottheiten** (Besessenheit), **hervorrufen konnte.** *Im Laufe der Zeit haben sich diese Praktiken verändert, aber nicht so sehr ... Sie müssen die Mysterienkulte kennen, die es im Mittelmeerraum von der Antike bis zum Mittelalter gab. Viele von ihnen beinhalteten auch traumatische Rituale. Heutzutage behaupten einige Leute, dass die Fortsetzung dieser Kulte, nämlich die Bruderorganisationen der Neuzeit, die Geheimgesellschaften, ebenfalls solche Dinge praktizieren."*

Diese extreme Form der Initiation von Jugendlichen findet sich in mehreren Kulturen. In Papua-Neuguinea sind traumatische Rituale, die den Initianten in Angst und Schrecken versetzen sollen, ein fester Bestandteil der lokalen Kulte. Die Jugendlichen, die diese Protokolle durchlaufen, werden durch die Zeremonie, bei der ihre Nasenscheidewand durchstochen und ihre Unterarme verbrannt werden, völlig terrorisiert. Der Anthropologe Erik Schwimmer berichtet, dass die *Orokaiva-Initiation* der Papua die Funktion hat, **"absoluten und dauerhaften Schrecken im Kandidaten"** zu erzeugen. Die Panik wird bei dem Kind oder Jugendlichen absichtlich herbeigeführt, **und es kann sogar** sein, **dass er die Initiation nicht überlebt.** Der Anthropologe Maurice Bloch berichtet über die Auswirkungen der *Embahi-Zeremonie*, die er so beschreibt, dass **der Eingeweihte symbolisch getötet wird, indem seine Vitalität neutralisiert und er in ein rein transzendentales Wesen verwandelt** wird (dissoziativer Zustand). **Nach dieser Initiation wird das Kind heilig...**

Wir haben es hier also mit heidnischen Praktiken zu tun, die helfen könnten, die dunklen Beweggründe zu verstehen, die hinter dem *modernen* satanistischen rituellen Missbrauch stehen, der darauf abzielt, die für die Gedankenkontrolle notwendigen dissoziativen Zustände zu erzeugen. Es geht darum, das Kind durch die tiefen dissoziativen Zustände zu heiligen... Ein Initiationstod mit Wiedergeburt, um aus dem Kind eher einen Mörder als ein Opfer zu machen: ein vollwertiges Mitglied des Luziferischen Kults.

Dieses Prinzip der Initiation durch Traumata ist allen luziferischen / satanistischen **Bruderschaftsstrukturen** gemein, **für die die Initiation in der frühen Kindheit das beste Mittel ist, um einen loyalen und treuen Erwachsenen (unter Gedankenkontrolle) zu bekommen, der das Gesetz des Schweigens perfekt einhält und gleichzeitig die obskure Tradition der "Mysterien" fortführt.** Rituale, die perverse und unmoralische Handlungen beinhalten, insbesondere schändliche Pädokriminalität, ermöglichen es auch, die Personen, die daran teilgenommen haben, zum Schweigen zu erpressen. Dadurch werden *"brüderliche"* Bindungen geschaffen, die umso stärker sind, wenn ein Menschenopfer, ein rituelles Verbrechen, von einer Gruppe begangen wurde und Kameras die Szene filmten, um sie unsterblich zu machen. Die Anhänger, die in diese süchtig machende Gewalt abtauchen, fühlen sich untereinander durch ein Geheimnis verbunden, das Außenstehenden zu enthüllen strengstens unmöglich ist; **es ist ein ungesunder Kitt, der die Mitglieder zusammenschweißt und ihnen ein Gefühl der Überlegenheit über die profane Masse der Menschen verleiht.** Diese polytheistischen pädo-satanischen Kulte, die rituelle Vergewaltigungen, Menschenopfer und Bluttaufen praktizieren, verehren Wesenheiten wie Moloch... Die reuige Svali (die in einen luziferischen Kult hineingeboren wurde) berichtet, dass die Gruppe, der sie angehörte (San Diego-USA), ähnliche Praktiken wie diese alten babylonischen Mysterienreligionen hat, einschließlich einer Bluttaufe: *"Die Kinder werden an Ritualen teilnehmen, bei denen die Erwachsenen Togas tragen, und sie müssen sich unter anderem vor der Wächtergottheit ihres Kultes verbeugen. Moloch, Ashtaroth, Baal und Enokkim sind Dämonen, die üblicherweise angebetet werden. Das Kind kann einem echten oder inszenierten Opfer beiwohnen, das als Opfergabe für diese Gottheiten dient. Tieropfer sind häufig anzutreffen. Das Kind wird gezwungen, an den Opfern teilzunehmen, und muss die Bluttaufe durchlaufen. Es muss das Herz oder andere Organe des Opfertieres entnehmen, um sie zu essen (...) Sie führen Initiationsrituale mit Kindern oder mit älteren Anhängern durch, der Initiand wird gefesselt und ein Tier wird über ihm zu Tode geblutet."*

Der oben zitierte Ex-Freimaurer Olivier Roney behauptet, dass die Grundlagen der Freimaurerei auf dem Mithras-Kult basieren. Wie wir gesehen haben, hat Prof. Lozac'Hmeur die starken Ähnlichkeiten zwischen den Initiationsriten des Mithras und der Freimaurerei nachgewiesen. Historiker berichten, dass es in diesem Mysterienkult des Mithras eine Bluttaufe gab: den Taurobolus... Es handelte sich um eine Zeremonie, bei der alle Sünden durch das Blut eines geopferten Stieres gereinigt wurden. Dies geschah in Erinnerung an den göttlichen Stier, der von Mithras geopfert wurde. Benjamin Walker, der Autor von "*The Woman's Encyclopedia of Myths and Secrets*" beschreibt diese Initiationszeremonie folgendermaßen: "*Zuerst gibt es einige Tage der Enthaltsamkeit von Nahrung und Sex, dann eine Waschzeremonie, nach der die Hände des Kandidaten auf dem*

Rücken gefesselt werden, dann wird er auf den Boden gelegt, als ob er tot wäre. Nach bestimmten feierlichen Riten wird seine rechte Hand vom Hierophanten ergriffen und er wird auferweckt. **Danach folgt die Taufe von Blut. Der Eingeweihte befindet sich nackt in einer Grube, die mit einem Gitter bedeckt ist. Über dem Gitter wird ein Tier geopfert, damit das Blut über den Kandidaten fließt. Egal, um welches Tier es sich handelt, es symbolisiert immer den Stier des Mithras. Der christliche Dichter Prudentius hat eine Beschreibung dieses Rituals verfasst, an die er sich persönlich erinnert: Durch das Gitter fließt die rote Flüssigkeit in die Grube, die der Neophyt auf seinem Körper, auf seinem Kopf usw. erhält. Symbolisch wurde der Eingeweihte von den Toten auferweckt und durch das revitalisierende Blut des Stiers gereinigt. Er gilt nun als "in der Ewigkeit wiedergeboren" und wird in die Gemeinschaft der Eingeweihten als Bruder, als Auserwählter aufgenommen."** In Bezug auf diesen Mithraskult wird berichtet, dass **"*die rätselhaften und erschreckenden Initiationsprüfungen bei den eingeweihten Individuen kognitive Desorientierung zu erzeugen scheinen.*"** (*Cognitive science, ritual and the Hellenistic mystery religions, Religion & Theology* - Martin Luther, 2006) Bei satanischem rituellen Missbrauch ist diese kognitive Desorientierung des Opfers für die Konditionierung und mentale Programmierung von entscheidender Bedeutung.

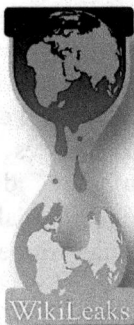

Praktizieren bestimmte freimaurerische Geheimgesellschaften auch heute noch diese Art von Blutzeremonien ... mit einem hohen traumatischen Potenzial ? Ein offizielles Dokument, das die Anhörungen und **Protokolle des Dutroux-Falls in Belgien** enthält (2009 von *Wikileaks* veröffentlicht), berichtet von einigen Zeugenaussagen über Blutopfer bei Ritualen, die manchmal mit einer Art Bluttaufe verbunden sind. Es handelt sich dabei um Aussagen und Beschwerden, und es wurde keine nennenswerte Untersuchung durchgeführt, um festzustellen, ob diese Zeugenaussagen der Wahrheit entsprechen. All diese Fälle werden systematisch vertuscht ... Warum ist das so?

Hier einige Auszüge aus dem Dokument:

- *X1 hat auf Befehl von B. zwei Kaninchen und einen Zwergziegenbock getötet. Der Dreier fand in der Garage statt. Teilnehmer mit besonderen Kostümen: Leder, Umhänge, Masken. C. muss das Herz des geopferten Kaninchens essen. Kinder in der Garage an Ringe gefesselt. Das Blut des Ziegenbocks wird auf C. vergossen* (PV 118.452, 10/12/96, Anhörung des Zeugen X1 (Regina Louf), Seite 542).

- *An dieser Adresse wurden schwarze Messen abgehalten (...) In Absatz 29 (W.s Tagebuch) wird eine Familie erwähnt, die Menschenopfer bringt, darunter ihre eigene Tochter (...) Sie wurde in ein Haus gebracht, in dem es draußen einen großen Pool gibt. Es sind viele Männer und Frauen anwesend. Sie wird im Auto betrunken gemacht. Im Garten gibt es ein großes Feuer. Es gibt drei weitere kleine Mädchen (...) Bei einem Spiel in diesem Haus wurde warmes Blut über sie gegossen.* (PV 117.753, 754 und 118.904, Anhörung von W., Seite 749)

- *Er besuchte im April 1987 eine schwarze Messe in einem vornehmen Vorort von Gent. Es handelte sich um eine satanistische Messe. Es wurden Tiere geopfert, die aufgeschlitzt und anschließend getötet wurden. Das Blut der Tiere wurde von den Teilnehmern getrunken (...) T4 konnte nicht an der gesamten Zeremonie teilnehmen. Beschreibung der Villa. Luxuriöse Fahrzeuge (...) J. und E. berichteten, dass Parlamentarier und andere Persönlichkeiten anwesend waren. Beschwörungen in einer unbekannten Sprache. Priester und Priesterinnen nackt unter ihren Umhängen. Alle mit Umhang und Maske. Das Leiden der geopferten Tiere ist das Mittel, um Macht und Stärke zu erlangen.* (PV 118.220, 04.12.96, Informationen T4, Seite 125)

- *Er kennt satanische Kirchen in Hasselt, Brüssel, Gent, Knokke, Lüttich, Charleroi und Mozet (...) Die Opfer reichen von Tieropfern bis hin zu Menschenopfern. Den Opfern folgen Orgien (...) Manchmal wird die Frau geopfert und ihr Blut für die Riten verwendet.* (PV 100.693, 06/01/97, Anhörung von L. P., Seite 126)

- *W. soll mit anderen Minderjährigen an schwarzen Messen teilgenommen haben. Sie spricht von gebrandmarkten Minderjährigen und Menschenopfern. Sie spricht auch von zubereitetem Menschenfleisch, das die Minderjährigen essen mussten. Während dieser Partys wurden die Minderjährigen von den Teilnehmern vergewaltigt. (PV 116.780 21/11/96, Anhörung von W., Seite 746)*

- *Er nahm 1985 an mehreren satanischen Sitzungen in der Nähe von Charleroi teil. Bei einer Gelegenheit wurde den Anwesenden das Blut eines 12-jährigen Mädchens angeboten. Er war bei dem Mord nicht anwesend (...) Vor Ort wurde er betäubt, bevor er in einen Raum mit maskierten und in schwarze Roben gekleideten Menschen gebracht wurde. Die Teilnehmer tranken Blut. Anwesenheit eines nackten kleinen Mädchens, das auf einem Altar lag, es war tot* (PV 250 und 466, 08/01/97 und 16/01/97, Anhörung von T.J., Seite 260).

- *Das erste Mal fuhr sie mit 14 Jahren mit V.s beigem Jaguar zum Schloss (...) bei Vollmond (...) Sie schreibt: Im Kreis um das Feuer - es gibt Kerzen - alle stehen außer dem Baby und dem Schaf - das Baby weint (...) Sie beschreibt, wie das Baby getötet wird und sein Blut mit dem des Schafs vermischt wird. Anschließend werden das Baby und das Schaf verbrannt und alle "haben Sex miteinander". Dem Baby wird das Herz herausgerissen* (PV 150.035, 30/01/97, Anhörung von N. W., Seite 756).

Ritueller Missbrauch und geistige Kontrolle in der Freimaurerei

Definition

Trotz der detaillierten Beweise für rituellen Missbrauch durch Zeugenaussagen von Kindern, Familien, erwachsenen Überlebenden, Polizisten, Therapeuten und Organisationen, die mit Opfern arbeiten, trotz der bemerkenswerten Kohärenz dieser nationalen und internationalen Berichte, trotz der Ähnlichkeiten und Überschneidungen zwischen den verschiedenen Fällen und Zeugenaussagen, sträubt sich die Gesellschaft als Ganzes immer noch dagegen, an die harte Realität des rituellen Missbrauchs zu glauben. Es bleibt der Irrglaube, dass kriminelle "satanische" Aktivitäten isoliert und selten sind. Dieses Problem ist nicht neu, aber die Gesellschaft erkennt erst jetzt die Schwere und das Ausmaß dieses Phänomens.

Es gibt verschiedene Ebenen der Pädokriminalität, von denen eine naturgemäß noch abscheulicher ist als die andere...

Für manche Geistesgestörte geht es darum, sexuelle Triebe zu befriedigen und es geht nicht weiter, wobei sie wissen, dass diese Kranken auch in Netzwerken funktionieren und mit sektenähnlichen Gruppen für gemeinsame Interessen interagieren können. Für andere "eingeweihte" Geisteskranke fällt dies in den Bereich des Okkultismus, d. h. Praktiken, die mit dem Unsichtbaren interagieren.

"Wenn man in solchen Fällen ermittelt, muss man auch die okkulte Seite der Dinge sehen, die Ritualmorde. Es ist klar, dass es sich um Fälle handelt, die oft in Verruf geraten sind

und die so schrecklich sind, dass man nicht weitergehen will. Für viele Menschen sind diese rituellen Missbräuche unvorstellbar. Aber in dem Moment, in dem man sich vorstellt, was diese Taten wirklich umfassen, beginnt man zu verstehen, dass die Täter die Begriffe Gut und Böse voneinander getrennt haben. Man weiß, dass es Sekten und Geheimgesellschaften gibt, dass es eine okkulte Macht und einen Machtkult gibt. Und es gibt diesen Glauben, dass es Gut und Böse nicht gibt, dass die wahre Macht die Überwindung von Gut und Böse wäre. Diese Menschen glauben nicht an eine transzendente Macht, der man Rechenschaft ablegen muss. Da es keinen Wert, keinen Gott und keine Verantwortung gibt, tue ich, was ich will und was mir gefällt. Ich habe die Macht über Leben und Tod, über wen ich will. So ist diese Art von Sekten organisiert. Und es gibt sie... Man kann sagen, dass es zwei Arten von Pädokriminalität gibt: den "einfachen" Pädophilen und den perversen Pädokriminellen mit dieser rituellen Seite." (Xavier Rossey in Alain Goossens und Hermès Kapf, "*Tous manipulés? Avant, pendant, après* l'*affaire Dutroux*", Dossiers Secrets d'État, Nr. 10, August 2010, S. 5).

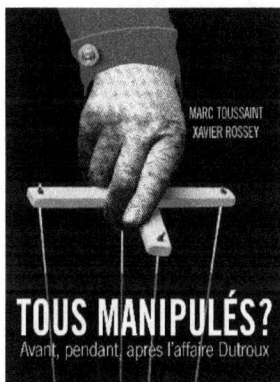

Die ehemalige Magistratin Martine Bouillon beschrieb dies in einer berühmten Fernsehdebatte im Anschluss an eine brisante Untersuchung über rituellen Missbrauch "*Kindervergewaltigung - das Ende des Schweigens*" folgendermaßen:

-        **Man hat gerade verstanden, dass es Pädophilie gibt, man kann noch nicht verstehen, dass es ... noch schlimmer als "einfache" Pädophilie würde ich sagen.**

Ritueller **Missbrauch** kann als eine Methode zur Kontrolle von Menschen jeden Alters definiert werden, die aus körperlicher, sexueller und psychologischer Misshandlung durch den Einsatz von Ritualen besteht. Es handelt sich um wiederholte

Aggressionen sowohl physischer als auch emotionaler, aber auch spiritueller Art, die mit der systematischen Verwendung von Symbolen, Zeremonien und Manipulationen zu bösartigen Zwecken, **in der Regel zur Gedankenkontrolle oder mentalen Programmierung,** kombiniert werden.

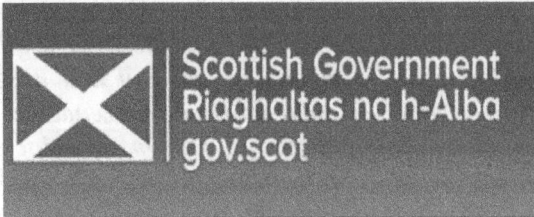

Die offizielle Website der schottischen Regierung informiert in ihrem Nationalen Leitfaden für den Kinderschutz über rituellen Missbrauch: *Ritueller Missbrauch kann definiert werden als sexueller, physischer und psychologischer Missbrauch in einer organisierten, systematischen und über einen längeren Zeitraum andauernden Weise. Dies beinhaltet die Anwendung von Ritualen, mit oder ohne besonderen Glauben. In der Regel handelt es sich um Übergriffe, die in Gruppen praktiziert werden. Ritueller Missbrauch beginnt meist in der frühen Kindheit und beinhaltet die Anwendung von Lern- und Entwicklungsmustern, die den Missbrauch verstärken und die Opfer zum Schweigen bringen sollen* (Anm. d. Red.: Gedankenkontrolle). *Einige organisierte Gruppen (Netzwerke) verwenden im Rahmen des rituellen Missbrauchs ungewöhnliches oder ritualisiertes Verhalten, das manchmal mit bestimmten spirituellen Überzeugungen verbunden ist.*

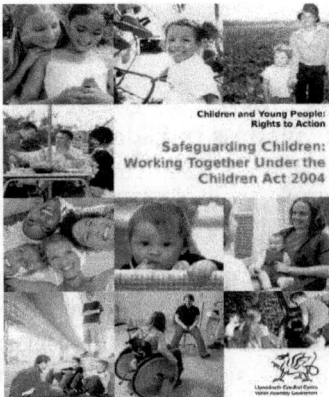

In Großbritannien gibt es ein Dokument des Gesundheitsministeriums, das dem Kinderschutz gewidmet ist und den Titel *"Working Together under the Children Act"* trägt. 1991 beschrieb das Dokument: *"Organisierter Missbrauch ist ein allgemeiner Begriff, der sich auf Missbrauch bezieht, bei dem eine bestimmte Anzahl von Tätern, eine bestimmte Anzahl von Kindern beteiligt sind, und der im Allgemeinen verschiedene Formen des Missbrauchs umfasst (...)* **Einige organisierte Gruppen können ein seltsames, ritualisiertes Verhalten an den Tag legen, das manchmal mit bestimmten "Überzeugungen" verbunden ist. Dies kann ein starker Mechanismus sein, um missbrauchte Kinder in Angst und Schrecken zu versetzen, damit sie nicht preisgeben, was sie erleiden."**

The official journal of the International Society for the Study of Trauma and Dissociation

2011 veröffentlichte die Zeitschrift *Trauma & Dissociation* (*International Society for the Study of Trauma and Dissociation*) unter [5] ein französischsprachiges *Dossier* mit dem Titel

ASCA

Advocates for Survivors of Child Abuse

"Leitlinien für die Behandlung der dissoziativen Identitätsstörung bei Erwachsenen". Dieses Dossier enthält ein Kapitel mit dem Titel *"Organisierter*

---

[5] https://www.isst-d.org/wp-content/uploads/2019/02/TraitementsAdultesEnFrancais.pdf

Missbrauch", das zeigt, dass dieses Thema des rituellen Missbrauchs vollständig mit dem Phänomen der dissoziativen Störungen verbunden ist. Hier ein Auszug: *"Eine wesentliche Minderheit der Patienten mit dissoziativer Identitätsstörung (DID) berichtet von sadistischem Missbrauch, Ausbeutung, Zwang durch die Hände organisierter Gruppen. Er kann um die Aktivitäten von Pädophilenringen, Kinderpornografie oder in Kinderprostitutionskreisen,* **verschiedenen** *"religiösen"* **Gruppen oder Kulten***, Mehrgenerationen-Familiensystemen und Menschenhandels- und Prostitutionsnetzen organisiert sein. Organisierter Missbrauch beinhaltet häufig Aktivitäten, die sexuell pervers, schrecklich und sadistisch sind und die Nötigung des Kindes als Zeuge oder Teilnehmer am Missbrauch anderer Kinder beinhalten können.* **Die Überlebenden des organisierten Missbrauchs gehören zu den am stärksten traumatisierten dissoziativen Patienten. Einige dieser schwer traumatisierten Patienten weisen eine ausgeprägte Amnesie für einen großen Teil ihres Missbrauchs auf und die Geschichte des organisierten Missbrauchs taucht erst im Laufe der Behandlung auf"**.

2006 veröffentlichte die australische Anwaltsorganisation ASCA (*Advocates for Survivors Child Abuse*) einen Bericht[6] mit dem Titel *Ritual Abuse & Torture in Australia* (Ritueller *Missbrauch und Folter* in Australien), aus dem einige Auszüge *zitiert werden*: *"Ritueller Missbrauch ist ein Verbrechen auf mehreren Ebenen, bei dem sich dysfunktionale Familien zusammenschließen, um diese Verbrechen zu organisieren, indem sie die Kinder gewinnorientiert ausbeuten. Der Ausbeuter und Hauptangreifer des rituell missbrauchten Kindes ist meist ein Elternteil. Diese Tätergruppen bestehen in der Regel aus zwei oder drei Familien, die ein Netzwerk bilden und ihre eigenen Kinder für die Misshandlungen durch die anderen Mitglieder des Netzwerks anbieten. In seinem Buch "Trauma Organised Systems: Physical and Sexual Abuse in Families" beschreibt Arnon Bentovim diese Familien als ein "**organisiertes**

---

[6] http://ekladata.com/VDn_XpmtR0tVh9cHq38BrBeTybQ/Ritual-Abuse-and-Tortute-in-Australia-ASCA.pdf

traumatisches System", in dem schwere Traumata die Familienstruktur und die Interaktion zwischen ihren Mitgliedern definieren und prägen. Die Opfer wachsen seit ihrer Kindheit in einem Umfeld auf, in dem Gewalt, sexueller Missbrauch und extreme Traumata die Norm sind. In diesem Kontext organisierter sexueller Ausbeutung können Gewalt und Inzest, die von den Tätern an ihren eigenen Kindern begangen werden, nicht nur als sadistisches Verhalten, sondern auch als eine Art Training für diese Praktiken der sexuellen Ausbeutung gesehen werden."

Viele Opfer oder Peiniger, die in ihrer Kindheit und Jugend unter dem Einfluss dieser extrem traumatischen Praktiken standen, entwickeln schwere dissoziative Störungen; einschließlich eines multiplen Persönlichkeitssyndroms (Dissoziative Identitätsstörung[7]), das die extremste Stufe der psychischen Dissoziation darstellt. Der Henker kann also eine zweite Persönlichkeit (ein Alter) des Individuums sein, das sich aufgrund der amnestischen Mauern, die die verschiedenen Persönlichkeiten voneinander abgrenzen, seiner Funktionsweise à la *Dr. Jekyll & Mr. Hyde* nicht bewusst sein wird. Er kann perfekt in die Gesellschaft integriert sein und seine öffentliche Persönlichkeit wird nichts von seinen okkulten und gewalttätigen Aktivitäten erkennen lassen. Der rituelle Missbrauch zur Aufspaltung der Persönlichkeit ist der Eckpfeiler der Bewusstseinskontrolle, das Schlüsselelement, um die Opfer zu unterwerfen, auszubeuten und zum Schweigen zu bringen.

Dr. Catherine Gould, die für ihre therapeutische Arbeit mit Kindern, die Opfer von *Satanismus* wurden, international

---

[7] http://mk-polis2.eklablog.com/le-trouble-dissociatif-de-l-identite-tdi-trouble-de-la-personnalite-mu-p634661

bekannt ist, sagte 1994 in dem Dokumentarfilm "*In Satan's Name*" von Antony Thomas "*Es gibt sicherlich Banker, Psychologen, Medienleute, Kinderschutzbehörden, aber auch Polizeibeamte, **denn sie haben eher ein Interesse daran, in all diesen sozioprofessionellen Kreisen präsent zu sein.***

*Als ich mit dieser Arbeit begann, dachte ich, dass die Motive hinter der Pädophilie auf Sex und Geld beschränkt seien, aber im Laufe meiner zehnjährigen Forschung begann ich zu erkennen, dass die Motive noch viel finsterer sind: **Kinder werden zu Indoktrinationszwecken missbraucht. Der rituelle Missbrauch von Kindern ist ein Protokoll, das dazu dient, Menschen für einen Kult zu formatieren. Es geht darum, Kinder zu formatieren, die so sehr missbraucht wurden, so sehr der Gedankenkontrolle unterworfen wurden, dass sie für die Sekte auf allen Ebenen sehr nützlich werden... Ich denke, das Ziel von all dem ist es, die maximale Kontrolle zu erlangen ...*".**

In ihrem Buch "*The New Satanists*" berichtet Linda Blood (ehemaliges Mitglied des Set-Tempels und ehemalige Geliebte von Oberstleutnant Michael Aquino) über die Aussage eines gewissen Bill Carmody, der das Pseudonym eines leitenden Geheimdienstausbilders beim FLETC (*Federal Law Enforcement Training Center*) ist: "*Carmody untersuchte einige Zeit lang das Verschwinden von Kindern, die mit sektiererischen Aktivitäten in Verbindung zu stehen schienen. Als Mitglied eines Spezialteams führte er Ermittlungen gegen ein Netzwerk durch, das in mehreren Bundesstaaten im Südwesten der USA operierte. Auf diese Weise konnte Carmody insgesamt drei kriminelle satanistische Kulte infiltrieren. Carmody sagte über diese*

Sekten: "*Diejenigen, die am ernsthaftesten sind, sind diejenigen, die am meisten versteckt und gedeckt sind, in der Tat haben diese Clans sehr ausgeklügelte Organisationen und verfügen gleichzeitig über die besten Kommunikationsmittel, es handelt sich um ein internationales Netzwerk.*"

Bill Carmody behauptet, dass diese Gruppen Drogen-, Waffen- und Menschenhandel sowie Kinderpornografie betreiben (...) Laut Carmody werden die am besten organisierten kriminellen Kulte von intelligenten und hochgebildeten Menschen geleitet, es handelt sich um Personen aus der Oberschicht der Gesellschaft, wo sie wichtige Positionen in ihrer Gemeinschaft einnehmen, sogenannte respektable Positionen. Diese sektenartigen Gruppen bilden eine sehr geheime Subkultur, die im weitesten Sinne der Unterwelt zuzuordnen ist. Sie bestehen in der Regel aus generationsübergreifenden Familienmitgliedern, deren Blutsbande dabei helfen, das Schweigen und die Geheimhaltung zu wahren".

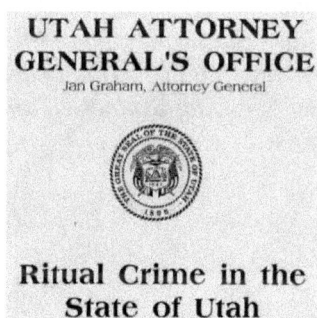

UTAH ATTORNEY GENERAL'S OFFICE
Jan Graham, Attorney General

Ritual Crime in the State of Utah

1992 richtete die Generalstaatsanwaltschaft von Utah in den USA eine Einheit für *Ritualverbrechen/-missbrauch* ein, die mit der Einheit für *Kindesmissbrauch (Child Abuse Prosecution Assistance Unit)* zusammenarbeitete. Diese Regierungsinitiative führte zu einem 60-seitigen Bericht [8] mit dem Titel "*Ritual Crime in the State of Utah*", der 1995 von den Ermittlern Matt Jacobson und Michael King für das Büro des Generalstaatsanwalts verfasst wurde. *In* dem Bericht wird *Ritualverbrechen* wie folgt definiert: "*Ritueller Missbrauch ist eine brutale Form des Missbrauchs eines Kindes, Jugendlichen oder Erwachsenen, bei der körperliche, sexuelle und psychologische Gewalt unter*

---

[8] http://www.saferchildren.net/print/utahag.pdf

*Verwendung von Ritualen angewendet wird. Ritueller Missbrauch tritt selten isoliert auf, es handelt sich um wiederholte Gewalt über einen längeren Zeitraum. Körperliche Gewalt ist extrem und schließt Folter ein, manchmal bis hin zum Mord. Sexueller Missbrauch ist schmerzhaft, sadistisch und erniedrigend. Ritueller Missbrauch ist per Definition kein impulsives Verbrechen, sondern vielmehr ein böswillig überlegtes Verbrechen (...) Abschließend lässt sich sagen, dass Fälle von Ritualverbrechen wie jeder andere Fall behandelt werden sollten. **Ermittler werden ermutigt, unvoreingenommen zu sein, wenn sie mit Fällen zu tun haben, in denen Okkultismus, religiöse Überzeugungen oder rituelle kriminelle Aktivitäten eine Rolle spielen (...) Schulungen und Aufklärung über die vielen Facetten des rituellen Missbrauchs sind notwendig und sollten auf allen Ebenen der Polizei von großem Nutzen sein. Polizeibeamte sollten in den grundlegenden Elementen ritueller Verbrechen unterrichtet werden. Diese Ausbildung sollte die Arten von Organisationen, die an okkulten Aktivitäten beteiligt sind, ihre Ziele sowie die von ihren Mitgliedern verwendeten Symbole umfassen (...) Diese Ausbildung sollte Informationen über die bizarre Natur des rituellen Missbrauchs sowie über die damit verbundenen Probleme mit multipler Persönlichkeitsstörung, Amnesien und unterdrückten Erinnerungen, Hypnose usw. umfassen."***

Erfahrungsberichte

Zahlreichen Zeugenaussagen zufolge deutet alles darauf hin, dass diese "dunkle Seite" der Freimaurerei **"Pädosatanismus"** beinhaltet, bei dem an kleinen Kindern die schlimmsten Gräueltaten begangen werden. Die Rituale dienen als Sexualmagie für die Peiniger, die das Kind durch extreme Traumata führen, die *als "Initiation"* dienen: d. h. tiefe dissoziative Zustände heryorrufen und so "*seine Seele zerreißen*", seine Persönlichkeit aufspalten, um es vollständig zu kontrollieren. Wie wir gesehen haben, sind traumatische Initiationsrituale, die darauf abzielen, tiefe dissoziative Zustände zu erzeugen, psycho-spirituelle Praktiken, die so alt sind wie die Welt. Diese gewalttätigen Sekten, die Kinder rituell misshandeln, verwenden verschiedene Glaubenssysteme, um ihre Taten zu rechtfertigen. Einige dieser Glaubenssysteme beruhen auf der Vorstellung, dass man Gut und Böse verstehen und integrieren muss, um *spirituelle Erleuchtung* zu erlangen ... **Dies ist typisch gnostisch, der freimaurerische Relativismus ermöglicht es, *letztendlich* jegliche Vorstellung von Gut und Böse auszulöschen.**

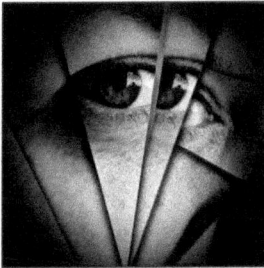

Wie wir gesehen haben, verändert das Trauma die Gehirnchemie und verändert die Wahrnehmung der Realität, es handelt sich um das Phänomen der Dissoziation, das von bestimmten Gruppen von Okkultisten für eine sogenannte *"mystische"* Erfahrung genutzt wird. **Die Luziferaner verursachen also absichtlich diese Leiden des Kindes als einen Umkehrprozess der Heilung, es ist eine Gegeninitiation, die darauf abzielt, das kleine Opfer spirituell *zu entriegeln*: es mit anderen Dimensionen zu verbinden.**

Das "G" der Gnosis, Dunkelheit VS Licht

Viele der Teilnehmer an diesen *"modernen Bacchanalien"* baden seit ihrer Kindheit in diesen Kreisen und werden daher selbst von klein auf pervertiert und programmiert. Dissoziative Zustände sind für sie eine echte Sucht und eine Form des Überlebens angesichts einer ansonsten unüberwindbaren Realität. Das Problem ist, dass sie die traumatischen *Initiationspraktiken* in der Regel - in einem *Dr. Jekyll & Mr. Hyde-Schema* - bei ihren eigenen Nachkommen reproduzieren...

Caryn Stardancer ist nicht nur eine Überlebende von rituellem Missbrauch und Bewusstseinskontrolle, sondern auch eine bahnbrechende Aktivistin, die die Gruppe *Survivorship* mitbegründete und ein Jahrzehnt lang leitete. Diese Gruppe zur Selbsthilfe und Informationsverbreitung für Opfer rituellen Missbrauchs und Therapeuten ist in den USA eine feste Größe. 1998 sagte sie bei Wayne Morris auf dem Radiosender CKLN.FM der Ryerson Polytechnic University in Toronto, Kanada, aus:

"Ich bin selbst Überlebende, die Misshandlungen begannen in den 40er Jahren während des Zweiten Weltkriegs. Einige der Dinge, die ich zum ersten Mal gesehen habe, betrafen Leute, die

beim Militär arbeiteten und diese Art von Experimenten durchführten. **Es gab auch Verbindungen zu den Freimaurern.** *Zu der Zeit, als ich anfing, Ratschläge von einem Mentor (innerhalb des Kults) zu erhalten, wurde mir vom* **okkulten Pantheismus** (Polytheismus, Weissagung der Natur) *erzählt und was das genau bedeutete. Es gibt alle möglichen Systeme, unter denen die Kontrolle des Geistes ausgeübt werden kann. Was der Pantheistische Okkultismus im Grunde bedeutete, war, dass das Glaubenssystem keine Rolle spielt, es hängt von Anpassungsfähigkeit der Person ab und davon, wie sie auf Machtkonflikte reagiert.* **Da der Aufstieg innerhalb des Kults von Ihrer Anpassungsfähigkeit abhängt, werden Sie vielleicht nie erfahren, dass es eine größere Gruppe gibt, die die Gruppe, der Sie angehören, umfasst** (die ultra-abgeschottete russische Puppe der Initiation). *Sie haben Zugang zu ihr, je nachdem, wie gut Sie sich innerhalb des Systems entwickeln können, aber auch durch bestimmte Beziehungen zu Personen in diesem System. Zum Beispiel* **waren die Leute, die mich in Pantheistischem Okkultismus unterrichteten, direkt in eine sogenannte Dionysische Sekte involviert.** *Mir wurde erklärt, dass dies bis in die vorchristliche Zeit zurückreichte. Im Wesentlichen handelte es sich bei dem, was sie taten, um politische Erpressung.* **Die Verwendung von Kindern, die auf Sex abgerichtet waren, zielte darauf ab, sie zu benutzen, um sie mit Erwachsenen zu Erpressungszwecken zu fotografieren oder zu filmen** (die bei den Freimaurern beliebten *Honigfallen*). *Seit meiner Geburt in diesem transgenerationalen System gab es immer Leute, die von der okkulten Tradition sprachen, die sie direkt auf den* **antiken Dionysismus** *zurückführten. Sie hatten eine ganze okkulte Tradition, die bestimmte historische Fakten enthielt, die ihrem*

Kult zugestoßen waren. Von dieser Dionysischen Sekte erfuhr ich, dass eines der ältesten Gesetze, die in Rom in vorchristlicher Zeit gegen rituellen Missbrauch erlassen wurden, gegen dieselben Dionysischen Sekten gerichtet war, die in den 40er und 50er Jahren noch aktiv waren und es wahrscheinlich auch heute noch sind! Der Grund, warum Gesetze gegen sie errichtet wurden, war, dass man damals wusste, dass ihre Rituale sexuelle Orgien, Auspeitschungen und rituelle Vergewaltigungen von Frauen und Kindern beinhalteten. Aber das war nicht der Hauptgrund, warum es Gesetze gegen diese Kulte gab, sondern diese Gesetze wurden aufgrund der Tatsache verfasst, dass diese Gruppen ihre Verbrechen zum Zweck der politischen Erpressung ausübten." ("Skandal der Bacchanalien")

Die Aussage von **Maude Julien** berichtet von diesem Konzept der Initiation durch Traumata, die darauf abzielen, dem Kind Zugang zu anderen Dimensionen zu verschaffen. In ihrem Buch *"Hinter dem Gitter"* beschreibt sie, wie ihr Vater, **ein reicher Unternehmer, der in die Freimaurerei und ihre Geheimnisse eingeweiht** war, sie einer extremen Konditionierung **unterzog, die darauf abzielte, aus ihr eine *"Göttin"* unter geistiger Kontrolle zu machen, einen Roboter, der ihm aufs Wort gehorchte.** Maude Julien war fünfzehn Jahre lang einer totalen sozialen Isolation ausgesetzt. Sie wurde in eine geistige Zwangsjacke gesteckt, mit einem Training von Geist und Körper, um aus ihr ein *höheres Wesen*, eine *Auserwählte*, zu machen. Ihr Vater zwang sie zum Beispiel, einen elektrischen Draht zu halten und dabei Stromschläge zu bekommen, da Stromschläge ein sehr wirksames Mittel sind, um tiefe dissoziative Zustände zu erzeugen. **Der Vater wollte sie dazu bringen,** *zwischen den Universen zu reisen* **und** *zu lernen, mit den Toten zu kommunizieren*... Dieser Freimaurer-Insider wusste offenbar, wie die menschliche Psyche mit Traumata und extremer Konditionierung umgeht, und experimentierte an seiner Tochter damit...

In einem Fernsehinterview mit Thierry Ardisson im Jahr 2014 sagte Maude Julien: *"Das Ziel meines Vaters war es tatsächlich, aus mir ein "Überwesen" zu machen, er hatte für mich eine kapitale Mission. Und dafür musste ich ein physisches und psychisches Training absolvieren, damit der Geist stärker als die Materie ist."*

Maude Julien gestand, dass sie **eine traumatische Amnesie in Bezug auf Narben an ihren Oberschenkeln und Brüsten** hat. **Sie weiß nicht, was die Ursache dafür ist**...

- Thierry Ardisson: *Und dann gibt es noch den Keller... da ist es ziemlich brutal, das heißt,* ***er weckt Sie mitten in der Nacht auf und setzt Sie in einem Keller auf einen Stuhl.***

- Maude Julien: *Immer, um sich nicht zu bewegen. Aber der Zweck dieser kapitalen Mission, der er mich widmete, war, dass* ***ich in der Lage sein sollte, zwischen den Universen zu zirkulieren, zu lernen, mit den Toten zu kommunizieren*** *...*

- Thierry Ardisson: *Es gibt auch den Stromtest, der ist unglaublich.* ***Er bittet Sie, einen elektrischen Draht zu halten und zehn Minuten lang Stromstöße zu bekommen.***

- Maude Julien: *Wenn es die Entladungen gibt, darf man nicht reagieren.*

- Thierry Ardisson: *Um acht Uhr wecken Sie Ihren Vater, und dann müssen Sie seinen Nachttopf halten, während er uriniert (...) Das Beunruhigendste sind jedoch die Narben auf den Oberschenkeln und auf der Brust, deren Ursprung Sie nicht kennen. Sind das Initiationsriten, denken Sie?*

- Maude Julien: *Für die Ärzte steht fest, dass sie nicht von medizinischen Fachkräften gemacht wurden, was die These eines Unfalls ausschließt und ich fürchte, ich werde es nie erfahren...*

Sind es die okkulten Lehren der hohen Freimaurerlogen, die solche Projekte inspirieren, um *"Höhere Wesen"* zu erschaffen, die versklavt und traumatisiert werden, um zu Medien zu werden, die mit anderen Dimensionen verbunden sind? Extreme Traumata führen zu tiefen dissoziativen Zuständen, die das Kind spirituell *"entsperren"* und die Verbindung zu anderen Dimensionen ermöglichen. Gibt es obskure freimaurerische Rituale, deren Zweck in gewisser Weise darin besteht, das Kind zu initiieren, d. h. bei ihm während der Dissoziation eine "Erleuchtung" zu erzeugen? Wie weit kann ein Eingeweihter gehen, um das Licht zu empfangen - oder um es an jemand anderen weiterzugeben? Um zum Beispiel ein Kind einzuweihen? Ein Kind, das bei Ritualen gefoltert und vergewaltigt wird, befindet sich in einem Zustand tiefer Dissoziation, d. h. es wird selbst zu einem offenen Tor zu anderen Dimensionen... Wäre das Kind in einem solchen dissoziativen Trancezustand eine Art Brücke, ein Medium, das zwischen der irdischen Welt und der Geisterwelt vermittelt und somit den schlimmsten Okkultisten als Werkzeug dienen kann?

Margaret Smith, die Autorin des Standardwerks *"Ritual Abuse: what it is, why it happens and how to help"* und selbst Überlebende von rituellem Missbrauch berichtet von einer gewissen gnostischen Philosophie hinter dem Missbrauch, aber auch von der Anwesenheit von Freimaurern, freimaurerischen Insignien oder freimaurerähnlichen Zeremonien bei traumatischem rituellen Missbrauch. Margaret Smith veröffentlicht in ihrem Buch einige Statistiken über Freimaurerei und rituellen Missbrauch, man kann dort lesen:

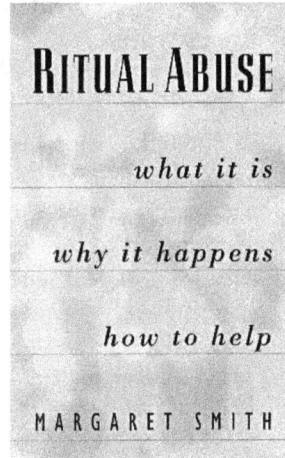

RITUAL ABUSE

what it is

why it happens

how to help

MARGARET SMITH

"Die Überlebenden berichteten in dieser Studie auch über einen Zusammenhang zwischen der Mitgliedschaft des Angreifers in einer Geheimgesellschaft und der Praxis des rituellen Missbrauchs. 67% der Überlebenden gaben an, dass ihre Angreifer Mitglieder von Geheimgesellschaften oder Bruderschaftsorganisationen waren. 33% gaben an, dass ihre missbrauchenden Familienmitglieder Freimaurer waren".
(*Ritual Abuse*, Margaret Smith, 1993 HarperSanFrancisco)

Die Studie von **Caren Cook** mit dem Titel *Understanding Ritual Abuse: A study of thirty-three ritual abuse survivors. Treating Abuse Today*, die an 33 Opfern rituellen Missbrauchs aus 13 verschiedenen Staaten durchgeführt wurde, berichtet, dass diese Überlebenden zwei Hauptorganisationen nannten, denen ihre Peiniger angehörten: die Freimaurerei (27%) und die Ritter von Columbus (9%). Weitere erwähnte Gruppen waren der

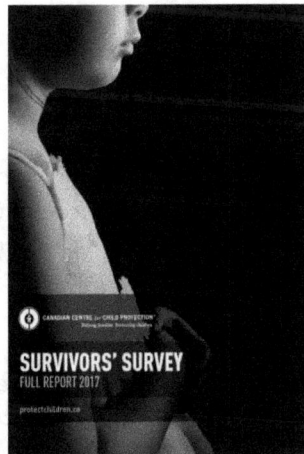

SURVIVORS' SURVEY
FULL REPORT 2017

Orden des Orientalischen Sterns, die Shriners und die Rosenkreuzer.

Das *Canadian Child Protection Centre*, eine nationale Wohltätigkeitsorganisation, vermerkt in seinem *Survivors Survey Full Report* von 2017 eine Reihe von Orten, an denen pädokriminelle Misshandlungen stattfinden. Unter den Orten, die von den für diese Studie befragten Opfern benannt wurden, heißt es dort auf Seite 44: "*in der Freimaurerloge, der sie alle angehörten.*"

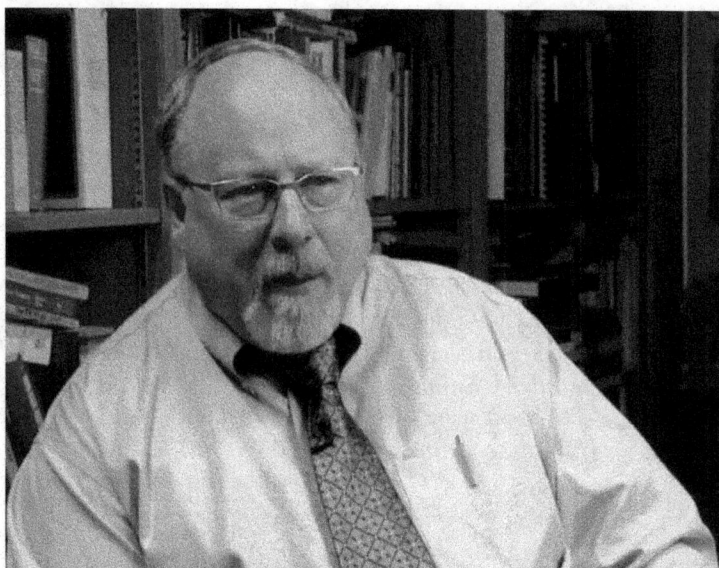

Der kanadische Soziologe **Stephen Kent**, der sich auf Abweichungen von religiösen Kulten spezialisiert hat, traf sich mit zahlreichen Personen, die bezeugten, dass sie rituellen Missbrauch freimaurerischer Art erlitten hatten, insbesondere Kinder von Freimaurern:

"Von Beginn meiner Recherchen an kamen Menschen mit Zeugenaussagen, von denen einige mit freimaurerischen "Missbräuchen" in Verbindung standen. Einige Personen

behaupteten, dass ihr Vater Freimaurer gewesen sei und dass der Missbrauch mit einer Loge und ihren Mitgliedern in Verbindung stehe. *Manchmal schienen die Übergriffe sogar innerhalb der Freimaurerlogen stattgefunden zu haben.* *Diese Auftritte der Freimaurerei in einer ziemlich großen Anzahl von Zeugenaussagen haben mich wirklich verwirrt (...) Die Freimaurerei enthält keine dämonische Figur, wie man sie im Christentum mit dieser starren Vorstellung von Gott vs. Satan finden kann. Ich habe jedoch einige Erwähnungen von Luzifer gefunden, aber vor allem die Bedeutung einiger Rituale auf höherer Ebene, in denen Gott als dreifache Figur erscheint:* **JAHBULON**

"Jah" bezieht sich auf Jahweh, "Bul" bezieht sich auf Baal. **Baal bezieht sich auf die alten heidnischen Götter der Bibel, des**

Alten Testaments, die Kinderopfer verlangten. Ein gewöhnlicher Freimaurer wird über den Gott Jahbulon sprechen, ohne sich wirklich bewusst zu sein, was er sagt ... aber es ist möglich, dass abweichende Freimaurer, die ich als "Ritualjunkies" bezeichne, in dieser Figur eine Kombination aus Gut und Böse sehen, die Kombination zwischen einem höheren Gott und einem Gott, der Kinderopfer verlangt (...)....) Ich weiß, dass einige der Personen, die diese Anschuldigungen erhoben, von Freimaurern sehr hohen Grades sprachen (...) Sobald ich mich mit der Freimaurerfrage befasste, fand ich heraus, dass es in ganz Nordamerika Menschen gab, die behaupteten, von Freimaurern rituell missbraucht worden zu sein. Eine Reihe von Organisationen mit Sitz in den USA betonen besonders, dass Freimaurer rituellen Missbrauch betreiben. In Kanada gibt es eine Organisation, deren Leiterin absolut davon überzeugt ist, dass sie eine Überlebende von rituellem Missbrauch durch Freimaurer ist. Als ich also herausfand, dass die Berichte, die mich erreichten, Teil eines viel größeren nordamerikanischen Zusammenhangs waren, wurde ich viel faszinierter von diesen besonders häufig wiederkehrenden Anschuldigungen (...) Es sind bestimmte "abweichende" Gruppen innerhalb der Freimaurerei, die mich am meisten beunruhigen. **Für mich ist es durchaus plausibel, mir vorzustellen, dass abweichende Freimaurer aus einigen extremistischen Schriften von Aleister Crowley schöpfen oder einige seiner Aussagen über Kinder und Sex oder einige seiner Behauptungen über die Opferung von Kindern oder Erwachsenen wörtlich auslegen und in ihre Rituale einbauen."* (Interview mit Dr. Stephen Kent, Wayne Morris, CKLN-FM - Mind Control Series Part 13)

Stephen Kent schrieb auch: *"Es sollte erwähnt werden, dass Freimaurer oft bereit sind, ihre Logen an geeignete Personen oder Organisationen zu vermieten, und dass einem "Bruder", der die Einrichtungen (mit einigen "Partnern") von Zeit zu Zeit nutzt, wenig oder gar keine Fragen gestellt würden... Satanische Rituale könnten in Freimaurerlogen stattfinden (wie einige Überlebende in ihren Zeugenaussagen behaupten), ohne dass die ehrbaren Mitglieder etwas darüber wüssten."*

(Deviant Scripturalism and Ritual Satanic Abuse Part Two: Possible Masonic, Mormon, Magick, and Pagan Influences - Stephen Kent, 1993)

Wie in der Einleitung des Dokuments erwähnt, **ist die strikte Geheimhaltung und Abschottung der Freimaurerei eine Gefahr für sie selbst**, da es ihr unmöglich ist, zu bescheinigen, dass nicht einige ihrer Mitglieder an solchen okkulten und kriminellen Praktiken beteiligt sind...

Die amerikanische Überlebende Svali berichtete: "*Dreizehn Jahre lang fanden die Misshandlungen manchmal in einem Freimaurertempel in Alexandria, Virginia, statt. Einige meiner Angreifer waren Freimaurer, obwohl die meisten Mitglieder dieser Loge nicht wussten, dass einige von ihnen sie zu diesem Zweck benutzten.*" (*Cults that abuse* - Svali, 18/04/2000)

Neil Brick, selbst Überlebender und Gründer der amerikanischen Gruppe S.M.A.R.T. (die sich der Verbreitung von Informationen über rituellen Missbrauch und Bewusstseinskontrolle widmet), erklärte:

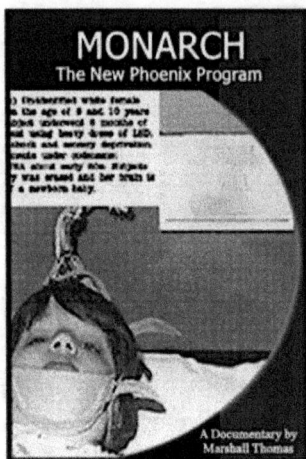

MONARCH
The New Phoenix Program

A Documentary by
Marshall Thomas

"Ich glaube, dass die Freimaurerei eine der größten Organisationen ist, die für satanischen rituellen Missbrauch in der Welt verantwortlich ist. Ihre Verbindung reicht bis zur Regierung (auf Bundes- und Kommunalebene) sowie zu einigen wirtschaftlichen Institutionen des Landes ... Ich wurde bei den Freimaurern geboren." ("Surviving Masonic Ritual Abuse" - Neil Brick, Zeitschrift Beyond Survival 07/1996)

Hier ein Auszug aus Marshall Thomas' Buch "*Monarch, The New Phoenix Program*", der die Freimaurerei mit rituellem Missbrauch / Bewusstseinskontrolle in Verbindung bringt:

Die große Mehrheit der Freimaurer schließt sich Ritualen an und unterzieht sich ihnen, die scheinbar keinen Sinn ergeben; erst wenn man in die höchsten Ebenen eintritt, den Kreis im Kreis, wenn Sie so wollen, wird dieses geheime Wissen darüber, was diese Organisation und ihre Rituale wirklich sind, enthüllt. Dieses Wissen wird einer Auswahl von wenigen Personen mitgeteilt, die den 32. Grad und darüber hinaus erreichen. Was diese Rituale und diese Organisation sind, muss noch bewiesen werden. **Die Freimaurerei ist eine der wichtigsten Gemeinsamkeiten, die die Opfer von rituellem Missbrauch miteinander verbinden. Diese Opfer von traumatischen Ritualen haben in ihrer Kindheit oft MK-Ultra[9] Experimente durchgemacht. Tausende von Menschen aus verschiedenen Teilen des Landes, die nie miteinander in Kontakt gekommen**

---

[9] http://mk-polis2.eklablog.com/mk-ultra-p634125

sind, erzählen alle global die gleiche Geschichte: dass sie gezwungen wurden, an rituellem Missbrauch teilzunehmen, der Kindervergewaltigungen und rituelle Opferungen umfasste. *Die Kohärenz dieser Geschichten, die Verbindungen zwischen rituellem Missbrauch und MK-Ultra, scheinen zunächst eine Fiktion zu sein, doch die Aussagen der Opfer sind sehr kohärent und die Beteiligung von hochgradigen Freimaurern an diesen Praktiken wurde vielfach wiederholt.* **Viele der an den MK-Ultra-Experimenten beteiligten Persönlichkeiten waren hochgradige Freimaurer, wie Dr. Sidney Gottlieb, George Estabrooks, Ewen Cameron** *und andere Mitglieder der Geheimdienstgemeinschaft. Freimaurer wurden im Laufe der Jahre für viele Dinge beschuldigt, aber es ist wahrscheinlich, dass die Freimaurerei von CIA-Mitarbeitern, die mit dem MK-Ultra verbunden waren, infiltriert wurde, um dieses geschlossene System zu kontrollieren und so Zugang zu Versuchspersonen zu erhalten. Das MK-Ultra-Programm wurde aus den Labors in diese geschlossenen Systeme verschiedener Art verlagert, die manipuliert und dazu benutzt werden könnten, eine große Anzahl von Kindern für Bewusstseinskontrollexperimente und Erpressungsoperationen bereitzustellen, ohne die CIA direkt zu involvieren".* (implizit: Freimaurer-Netzwerke würden Kinder beherbergen, die durch traumatische Rituale fraktioniert/gespalten wurden)

Die amerikanische Überlebende des **MK-Ultra-Programms**, **Claudia Mullen**, die 1995 vor der Presidential Consultative Commission on Experiences involving the Irradiation of Human **Beings** (in the **Frame** of Mental Programming) aussagte**, berichtete , dass sie als Kind an Partys in Freimaurerlogen teilgenommen hatte.** Sie sagte, dass die *Ärzte,* die im Rahmen der MK-Ultra an ihr arbeiteten, sie zu den Freimaurern schickten, **um ihre dissoziativen Zustände** aufgrund der extremen Traumata, denen sie ausgesetzt war, zu **verstärken.**

Sie beschreibt pädokriminelle Orgien innerhalb der Loge selbst:

"Sie wussten von Anfang an von meinen dissoziativen Fähigkeiten und haben das bis zum Äußersten ausgenutzt. Denn *je mehr Sie sich aufspalten / dissoziieren, desto leichter ist es für sie, zu verbergen, was sie tun. Sie schufen die traumatischen Umstände, die für die Dissoziation notwendig waren, indem sie mich beispielsweise zu einem "Fest" in eine Freimaurerloge schickten. Sie schickten mich dorthin, weil sie wussten, dass mir etwas Schreckliches zustoßen würde.... Sie wussten damals, dass ich mich aufspalten/dissoziieren würde... Ich erinnerte mich zuerst an Inzest, an die inzestuösen Dinge zu Hause ... Dann nach und nach an die Rituale... Ich war bei zwei freimaurerischen "Festen" in einer Loge. Diese Leute werden auf diesen Partys verrückt, sie betrinken sich.... Sie drehen dich um ... Es ist schrecklich, was sie tun ... Sie bringen dich dazu, nicht nur sexuelle Dinge zu tun, sondern auch anderen dabei zuzusehen. Alles, was Sie sich vorstellen können, sogar mit Tieren ... und Sie mussten dabei zusehen ... Das ist genauso traumatisch, wie es selbst zu erleben. Sie sind ein Kind und müssen zusehen, wie ein Kind, das halb so alt ist wie Sie, gefoltert oder vergewaltigt wird etc.*

Das ist genauso traumatisch, wie es selbst zu erleiden. Dann stellen sie Sie vor die Wahl: Sie können ihren Platz einnehmen.... Sie müssen sich entscheiden, ob es Sie oder sie sein wird ... und wenn Sie sich dagegen entscheiden, müssen Sie mit der Schuld leben, dass es dem anderen passiert ist, weil Sie sich dafür entschieden haben. So oder so: Sie haben Sie in der Hand ... Sie sind generell am Ende, es gibt keinen Ausweg aus solchen Situationen". (Interview mit Claudia Mullen, Wayne Morris, CKLN-FM - Mind Control Series Part 7)

 Die Australierin **Kristin Constance** hat öffentlich ausgesagt, dass sie Opfer von rituellem Missbrauch und Gedankenkontrolle geworden ist. Ihre *Peiniger* waren niemand anderes als ihre eigenen Großeltern, die eine Frauenfreimaurerloge *des Ordens* des *Orientalischen Sterns* gegründet hatten. Auf einer von der Gruppe S.M.A.R.T. organisierten Konferenz im Jahr 2011 sagte sie Folgendes:

"Mein Großvater war Freimaurer im 33. Grad und gehörte mehreren Logen an. Er und meine Großmutter hatten in einem Vorort von Sydney eine Loge des Ordens des Orientalischen Sterns gegründet. Ich war 20 Jahre lang in Therapie... Der schwierigste Teil meiner Genesung bestand darin, mich von

einer mentalen Programmierung zu heilen, die auf Farben und der Ausnutzung der linken oder rechten Seite meines Körpers beruhte. Diese Programmierung führte bei mir regelmäßig zu Dissoziation (...) Meine erste Psychiaterin diagnostizierte bei mir eine grenzwertige Persönlichkeitsstörung ("Borderline"). Sie korrigierte die Diagnose jedoch schnell in Dissoziative Identitätsstörung (D.I.D.), als die Alter-Persönlichkeiten auftauchten (...) Meine Schwester, die sieben Jahre älter ist als ich, erinnert sich ebenfalls daran, rituell missbraucht worden zu sein. Eines Tages, als ich 26 Jahre alt war, fragte sie mich, ob ich mich an die unterirdischen Kammern erinnere, und ich antwortete ihr, dass ich das tue.... Dann fragte sie mich, ob ich mich an die schreienden Kinder erinnern könne, und ich antwortete, nein, aber ich wusste, dass sie nebenan in anderen Räumen waren (...) Als ich vor 17 Jahren meine Mutter und meinen Vater mit dem Thema ritueller Missbrauch konfrontierte, sagte meine Mutter, dass sie damit nichts zu tun habe, aber sie übergab mir den Koffer mit den ganzen Freimaurerutensilien meines Großvaters. Sie entschuldigte sich dafür, dass sie mir keine gute Mutter gewesen sei. Ich denke, das wird die einzige Antwort sein, die ich von ihr bezüglich des rituellen Missbrauchs bekommen werde. Der Koffer hat mir vieles bestätigt. Es gab Papiere mit Passwörtern, Handzeichen und Informationen für freimaurerische Rituale. Es gab auch die Schürzen, den Schmuck und die Medaillen, die mein Großvater und meine Großmutter bei den Treffen getragen haben (...)

Ich erinnere mich, dass ich in Käfige gesteckt wurde, ich erinnere mich an Elektroschocks, an Skarifizierungen, Vergewaltigungen, Fotoaufnahmen, Drogen, Hypnose, Nahrungs-/Licht-/Sauerstoff-/Schlafentzug. Ich wurde auch in einen Sarg mit Spinnen gesperrt. Ich habe an Ritualen in geschlossenen Räumen, aber auch in der freien Natur teilgenommen. Ich wurde an Altäre gefesselt. Ich habe an simulierten Todes- und Wiedergeburtsritualen teilgenommen. Ich erinnere mich an unterirdische Falltüren in Räumen, aber auch daran, dass ich unzählige Male mitten in der Nacht geweckt wurde, um zu Ritualen gebracht zu werden. Ich wurde aufgeschlitzt, durchbohrt und gestochen, damit mein Blut in den Ritualen verwendet werden konnte (...) Die Farbprogrammierung, der ich unterzogen wurde, fand in unterirdischen Räumen statt. Jeder Raum hatte eine andere Farbe, die verschiedenen Programmierungen entsprach. Die Farben schienen denen des Orientalischen Sterns zu entsprechen: Blau, Gelb, Weiß, Grün, Rot und Schwarz für das Zentrum. Der rote Raum hatte ein rotes Licht, eine Bahre, einen Tisch voller Folterwerkzeuge und eine Ausrüstung für Elektroschocks. In diesem Raum wurde meine rechte Körperseite bedeckt, während die linke Seite die Elektrofolter erdulden musste. An meinen Gelenken wurden Elektroden angebracht, die lähmende Schmerzen verursachten, die ich noch heute verspüre. In mein linkes Ohr wurden Dinge geflüstert und Elektroschocks wurden an meine Schläfen angelegt (...) Im blauen Raum gab es blaues Licht, eine Trage, Elektroschockgeräte, Siegel und ein Waschbecken. Die linke Seite meines Körpers war abgedeckt, und es war die rechte Seite, die die Elektroschocks erhielt. Hier wurden die Entladungen an meine Muskeln angelegt (...) Bei Rot geht es um sexuelle Sklaverei und Blutrituale. Ich weiß nicht, ob jede Person, die von Freimaurern programmiert wurde, diese Art von Protokoll auf der Grundlage von Farben erhält. Ich vermute, dass je nach Persönlichkeitstyp bestimmte Farben stärker betont und bearbeitet werden als andere. Vielleicht beeinflussen auch die Geburtsdaten die gewählten Farben. Ich verstehe nicht, was sie damit bezwecken oder schaffen wollen ... Ich frage mich wirklich, welche Leitlinie hinter all dem steckt". (Kristin Constance - *Alleged Ritual Abuse by Freemasons and Order of the Eastern Star in Australia* - S.M.A.R.T. 2011)

Die **Dissoziative Identitätsstörung** (D.I.D.), oder die Aufspaltung der Persönlichkeit in mehrere Alter, wird absichtlich durch traumatische Rituale zur Bewusstseinskontrolle hervorgerufen. Laut dem *Diagnostic and Statistical Manual of Mental Disorders* (DSM) beinhaltet D.D.I. *"das Vorhandensein von zwei oder mehr unterschiedlichen Identitäten oder "Persönlichkeitszuständen", die abwechselnd die Kontrolle über das Verhalten des Betroffenen übernehmen, begleitet von der Unfähigkeit, persönliche Erinnerungen hervorzurufen."* Die Ursache ist fast immer ein schweres Trauma in der Kindheit. Typischerweise leiden die Patienten an dissoziativer Amnesie, die auch als **traumatische Amnesie** bezeichnet wird. Wenn man sich näher mit dem Thema ADS befasst, wird leicht klar, dass die natürlichen dissoziativen und amnestischen Funktionen des menschlichen Geistes zu Manipulationszwecken und zur Ausbeutung des Individuums ausgenutzt werden können. **Es handelt sich hierbei um eine echte psychiatrische Parallelwissenschaft, die in den falschen Händen zu einer traumatischen Wissenschaft und einer unentdeckbaren Waffe zur Bewusstseinskontrolle wird.** Wenn diese fraktionierte Persönlichkeitsstörung mit ihren amnestischen Wänden an den medizinischen Fakultäten nicht - oder nur sehr wenig - gelehrt wird und von einer Elite von *Experten* systematisch kontrovers diskutiert und diskreditiert wird, dann aus dem einfachen Grund, weil sie die Hauptachse der Bewusstseinskontrolle ist, die von bestimmten dominanten okkulten Organisationen praktiziert wird.

Michaela Huber
Psychologische Psychotherapeutin & Supervisorin

Die deutsche Psychotherapeutin **Michaela Huber** beschreibt die Methoden der mentalen Programmierung bei Kindern, die durch wiederholte extreme Traumata dissoziiert sind, folgendermaßen: *"Wir haben festgestellt, dass viele Täter so weit gingen, die Kinder zu foltern, mit Methoden wie Hunger, Durst, Einsperren, extremen Schmerzen mit Elektroschocks, Nadeln, die überall eingestochen wurden. Ich möchte hier nicht ins Detail gehen. Ein Kollege sagte einmal, dass diese Gruppen "Ungehinderten physischen Terror" ausüben, d. h. Folter. Dies dient speziell dem Zweck, die Kinder zu teilen / fraktionieren. Das Kind gerät dann in einen dissoziativen Zustand. Sie können dies sehr schnell feststellen, wenn die Augen des Kindes glasig werden, sich schließen oder ins Leere gehen ... Der Schmerz verschwindet und das Kind erstarrt und entspannt sich. Auf diese Weise schaffen diese Kriminellen bestimmte Alter-Persönlichkeiten (T.D.I.)".* (*Wir sind die Nicki(s)* - ze.tt, 2020)

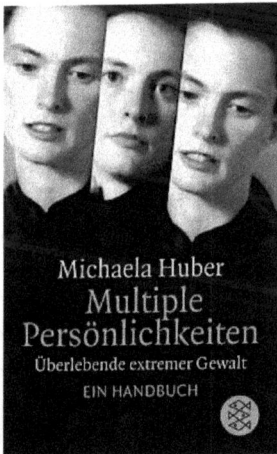

Michaela Huber
Multiple
Persönlichkeiten
Überlebende extremer Gewalt
EIN HANDBUCH

In einem ihrer Bücher definiert Michaela Huber die auf Traumata basierende *Gedankenkontrolle* folgendermaßen: *"Die Programmierung im traumatischen Kontext ist ein Prozess, den man als Lernen unter Folter beschreiben kann. Die Metapher "Programmierung" stammt sicherlich aus der Informatik und stellt in diesem Zusammenhang das dar, was Psychologen als Konditionierung bezeichnen. Das bedeutet, dass die Person, die "programmiert" wurde, auf bestimmte Reize in stereotyper Weise reagieren muss. Die Reaktion der Person auf einen Reiz erfolgt in diesem Fall automatisch, es handelt sich also weder um einen natürlichen Reflex noch um eine bewusste und willentliche Reaktion. Um sein Ziel zu erreichen, nutzte der Programmierer, den ich als Folterer bezeichnen möchte, die Tatsache, dass sein Opfer ein kleines Kind ist, das vorzugsweise bereits dissoziiert ist und eine gespaltene Persönlichkeit hat, um den Lernprozess durch Folter zu bewerkstelligen.* *Die Folter kann körperlichen, sexuellen und emotionalen Missbrauch umfassen, und oft wird dem Opfer gedroht, dass es sterben wird, wenn es nicht gehorsam ist. Sobald ein Opfer programmiert wurde, ist es möglich, es mit den Reizen, die man ihm 'eingepflanzt' hat, zu kontrollieren."* ("Multiple Persönlichkeit, Überlebende extremer Gewalt", Ein Handbuch - Fischer)

2009 beschrieb **Dr. Lowell Routley** diese Art der Gedankenkontrolle in einem Vortrag in Genf auf dem internationalen Jahreskongress der *ICSA* (*International Cultic Studies Association*), hier ein Auszug aus der Einleitung: "*Diese Überlebenden haben in sehr jungen Jahren gelernt, sich durch bestimmte transgenerationale Praktiken , die innerhalb der Familien weitergegeben wurden, zu dissoziieren.* **Die Anwendung einer traumatischen Sozialisation dient dazu, den Geist des Kindes zu kompartimentieren, das Geheimnis zu wahren und den Status quo aufrechtzuerhalten. Ersticken, Entbehrung, Isolation und Schmerzen sind als Mittel bekannt, um das Kind zu dissoziieren, eine gewisse Verhaltenskonformität zu gewährleisten, seine Autonomie und Identität zu unterdrücken, eine Amnesie in Bezug auf abnormale Aktivitäten sowie eine unanfechtbare Loyalität zu erzeugen (...) Terror erhält und verstärkt die dissoziative Abschottung. Der Grad der daraus resultierenden Dissoziation im Geist des Opfers wird durch das Alter, in dem diese traumatische Sozialisation aufgetreten ist, ihre Häufigkeit und ihre Intensität bestimmt.*" (Restoring The Lost Self: Finding Answers to Healing from Traumatic Socialization and Mind Control in Twenty-first Century Neurocognitive Research)

Die Kanadierin **Lynn Moss-Sharman**, Überlebende und Gründerin der gleichnamigen Organisation und Zeitung "*The Stone Angels*" und Sprecherin von ACHES-MC Canada

(*Advocacy Committee for Human Experimentation Survivors & Mind-Control*), erklärte 1998 in einem Interview mit Wayne Morris, dass die **Freimaurerei ein gemeinsamer Nenner in den Berichten über rituellen Missbrauch und Bewusstseinskontrolle** sei: "*Wir erkannten, dass ein großer Prozentsatz der Opfer auch in* **rituellen Missbrauch durch Freimaurer** *involviert war.* **Ihre Väter oder Großväter waren Freimaurer oder Shriners (Schottischer Ritus), und das in** *verschiedenen Teilen des Landes.* **Wir begannen, uns das Ganze genauer anzusehen, weil es einen gemeinsamen Nenner zu geben schien.** *Im Jahr 1995 fanden in Washington Anhörungen statt, bei denen Überlebende von Experimenten zur Gedankenkontrolle in der Kindheit aussagten, was zu einer öffentlichen Akte wurde. Wir waren nun in der Lage, Informationen über die Praktiken der Bewusstseinskontrolle, die von einigen Überlebenden beschrieben worden waren, öffentlich zu präsentieren... Die Verbindung zum Militär begann sich zu entwickeln, und wieder war die* **Freimaurerei ein gemeinsamer Nenner.** *Die Forschung von Dr. Stephen Kent, einem Soziologen an der Universität von Alberta, der okkulte Praktiken und abweichende Religionen untersucht, hat gezeigt, dass die Freimaurerei der Geheimbund zu sein scheint, der immer wieder auftaucht, wenn diese okkulten Aktivitäten in den Berichten von Opfern oder Ermittlern dargelegt werden. Wir haben diese Informationen über die Freimaurerei in den Vordergrund gestellt und auf vielerlei Weise dafür bezahlt (...) Es gab Gespräche darüber, die bei den Treffen geführt wurden, die Angst betraf diese Freimaurerverbindung. Ich schaltete einige kleine Anzeigen im "Globe & Mail" zu diesem Thema sowie zur Ankündigung der bevorstehenden Konferenzen. Diese wenigen Worte, die von der Freimaurerverbindung sprachen, führten zu*

Telefonanrufen und Briefen von Opfern aus ganz Kanada. **Menschen, die sich selbst als Überlebende des rituellen Missbrauchs durch die Freimaurer beschrieben, die noch immer in Angst und Schrecken lebten. Es waren immer Töchter von Freimaurern des Schottischen Ritus, Töchter von Shriners. Aus ganz Kanada begannen diese Menschen, über Erinnerungen an etwas zu berichten, das man als Experimente zur Gedankenkontrolle beschreiben könnte.** *Dies begann sich im November 1994 zu manifestieren. Als die Konferenz in Thunder Bay die Aufmerksamkeit der Medien auf sich zog - es gab in der Tat eine große Berichterstattung über dieses Ereignis - erhielt Premierminister Bob Rae Faxe von Freimaurern aus der ganzen Provinz, die sich darüber beschwerten, was die Vereinigung "The Stone Angels" in Thunder Bay tat (...) es gab einen öffentlichen Aufschrei unter den Freimaurern, da sie nicht an unseren Konferenzen teilnehmen durften...* (Interview mit Lynn Moss Sharman, Wayne Morris, CKLN-FM - Mind Control Series Part 16)

Die folgenden Informationen stammen aus einer Zusammenfassung von **Ann-Marie Germains** Dissertation "*Ritual Abuse, Its Effects and the Process of Recovery Using Self Help Methods and Resources and Focusing on the Spiritual Aspect of Damage and Recovery*", die am 30. März 1993 an der Southern Illinois University in Carbondale (USA) vorgestellt wurde: "***Mein Vater war ein Freimaurer des 32. Grades und ein Shriners***. *Die meisten Gespräche zwischen ihm und mir als Erwachsenem fanden zwischen 1974 und 1977 statt; hier ein Auszug*:

Er (der Vater): *Sie tun Dinge in den Tempeln, die in einer Loge nicht getan werden können.*

Ich (Ann-Marie): *Was ist das Problem damit? Welche Art von Dingen?*

Er: *Ich kann es dir nicht sagen.... Sie tun schlimme Dinge und alles wird geheim gehalten.*

Ich: *Was ist los, Papa?*

Er: *Es tut mir leid, Ann. Ann: Es tut mir so leid. Ich wusste es nicht. Ich wusste nicht, wie sehr der Schaden schon angerichtet war.*

Ich: *Was tut dir leid?*

Er: *Du kannst dich wirklich nicht erinnern? Nicht?*

Ich: *Nun, ich weiß nicht, was ich sagen soll, da ich nicht weiß, wovon du sprichst ...*

Später:

Er: *Ich brauche dich, um mir zu verzeihen...*

Ich: *Warum?*

Er (mit Tränen in den Augen): *Ich kann es dir nicht sagen ...*

Wir können davon ausgehen, dass der Vater, der unter dem Eid des Freimaurergeheimnisses stand, solche Dinge nicht offenbaren konnte, um sich zu entlasten, solange seine Tochter nicht selbst durch den Zugriff auf ihre traumatischen (amnestischen) Erinnerungen darauf aufmerksam geworden war. Ann-Marie Germain berichtete von einigen ihrer traumatischen Erinnerungen, die bei ihr hochkamen: *"Letztes Jahr, während einer medizinischen Behandlung wegen der Entzündung meines rechten Auges, kam eine Erinnerung hoch, in der meine Angreifer mir in das Auge stachen und mir sagten, dass sie es mir entfernt hätten und es nicht wieder einsetzen würden, bis ich dem "Gott Penis"* (Phalluskult) *ewigen Gehorsam leistete. Ich hatte schon gesehen, wie Augäpfel verschwanden, und ich wusste, dass sie es ernst meinten ... also versprach ich es."* Ann-Marie Germain beschrieb auch eine traumatische Erinnerung, in der sie als Kind auf dem Boden eines Grabes lag ... oder ein Ritual mit Gesang, Kapuzengewändern, Räucherstäbchen und Fackeln.

Lynn Brunets Aussage ist besonders interessant, weil sie den Finger auf die Frage der **gespaltenen Persönlichkeit von Peinigern** legt, die traumatische Rituale und Gedankenkontrolle an Kindern praktizieren. **Ihr Vater, der selbst Freimaurer und Rosenkreuzer war, missbrauchte sie, als sie noch sehr klein war.** Hier einige Auszüge aus ihrer Aussage: *"Als die Jahre vergingen, erinnerte ich mich an den sexuellen Missbrauch* *meines Vaters als Kind (...) Ich entdeckte auch, dass sexueller Missbrauch und Inzest durch die Familiengeschichte über mindestens drei Generationen hinweg verwoben waren (...).) Von außen betrachtet schien meine Familie ganz normal zu sein, aber das angesammelte Gewicht dieser Familiengeschichte, die mit Traumata und Spannungen behaftet war, war eine schwere Last, die jede Generation zu tragen hatte (...) In den letzten Jahren, als die Rätsel meiner eigenen Erfahrung gelöst wurden, versuchte ich, mit ihnen über das zu sprechen, woran ich mich erinnerte. Zu meinem Glück war meine Mutter in der Lage, sich an die Nacht zu erinnern, in der mein Vater mich im Alter von vier Jahren vergewaltigt hatte, und konnte somit die Aussagen ihrer Tochter bestätigen. Der rituelle Missbrauch ging jedoch über ihr Verständnis hinaus, was in vielerlei Hinsicht verständlich ist. Mitte 2004 begann mein Vater, die Alzheimer-Krankheit zu entwickeln. In der Anfangsphase der Erkrankung begann er mir in einem veränderten Bewusstseinszustand von der dunklen Seite seiner freimaurerischen Verstrickung zu erzählen.* **Er gestand mir dann, dass er von Existenz bestimmter Gruppen wusste, die freimaurerische Rituale in gewalttätigen**

Zusammenhängen zur Initiation von Kindern nutzten. Er erklärte mir: "Es gibt viele dieser Gruppen, es gibt viele Leute, die davon wissen, aber sie sprechen nicht darüber, weil es peinlich ist." *Er hatte abwechselnd zusammenhängende Gespräche mit mir, in denen er mir von seiner Beteiligung mit anderen Männern in diesen Gruppen erzählte. Manchmal gelang es ihm abends, das Altenheim zu verlassen, und er kletterte dann wie ein Soldat auf einer Mission auf Bäume, um, wie er glaubte, die Aktivitäten des Kults zu beobachten, um "die Kinder aus der Sekte herauszuholen". Diese "strategische Mission" dauerte zwei*

Wochen lang an, bis er glaubte, jedes der Kinder zurückbekommen zu haben. Danach schien er mit dem Erreichten sehr zufrieden zu sein und alle Anzeichen seiner inneren Unruhe legten sich (...) **Die Erinnerungen an die irregulären Freimaureraktivitäten waren eindeutig einem bestimmten Teil seiner Psyche zuzuordnen, der normalerweise dem Bewusstsein nicht zugänglich ist,** *und sie hatten sich zu diesem Zeitpunkt vielleicht mit seinen Kriegserlebnissen verwoben. Es ist möglich, dass ich meinen Vater mit dieser Frage in einen inneren Konflikt gestürzt habe, da sein Gedächtnisverlust unmittelbar nach meiner Konfrontation mit ihm einsetzte. Seine kurze Phase der Ehrlichkeit mir gegenüber hat jedoch zweifellos zu einem gegenseitigen Heilungsprozess beigetragen. Dieses Geständnis hat in Verbindung mit dem Wissen über den Freimaurerorden, das ich mir aneignen konnte, meine Aufmerksamkeit neu ausgerichtet, sodass sie nicht mehr auf einer Wut auf den Mann selbst beruhte.* **Ich bin heute dazu gebracht worden, die Prinzipien zu verstehen, die hinter diesen jahrhundertealten "magischen" Praktiken stehen, die die**

Psyche dieser Männer in zwei Hälften spalten: auf der einen Seite pflichtbewusste Bürger und Männer und auf der anderen Seite die kindischste, absurdeste und grausamste aller menschlichen Kreaturen". (Terror, Trauma And The Eye In The Triangle - Lynn Brunet, 2007) - **Dr. Jekyll & Mr. Hyde.**

Die zweigeteilte Psyche oder der **Weg des Chamäleons,** jenes Tieres, das je nach Umgebung die Farbe wechselt. Dies ist in Verbindung mit **dem Phänomen der multiplen Persönlichkeit zu** sehen, bei dem der Einzelne in der Lage ist, sich mit unterschiedlichen Alter-Persönlichkeiten an verschiedene Situationen anzupassen. Die öffentliche, wohlwollende Fassade ist sich der okkulten Aktivitäten ihrer Alter-Persönlichkeiten, die in den Tiefen ihres inneren Systems sitzen, nicht bewusst (durch amnestische Mauern getrennt).

Überlebende von Bewusstseinskontrolle berichten oft, dass ihre Familie (meist von hohem sozialen Rang) ein völlig normales und respektables öffentliches Leben führt, wobei der Familienvater eine besonders liebenswerte öffentliche Persönlichkeit hat, während in ihm eine Persönlichkeit schlummert, die sadistischer und krimineller nicht sein könnte...

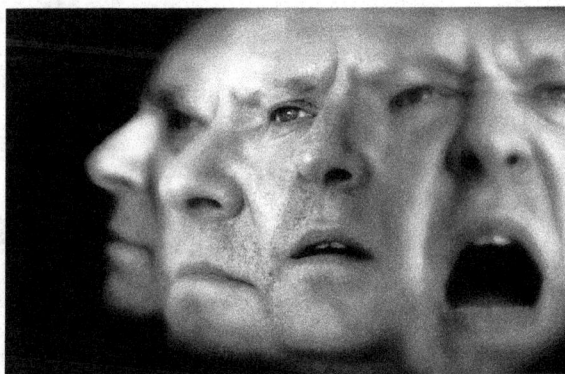

Cisco Wheeler, eine Mitarbeiterin von Fritz Springmeier, berichtet, dass ihr Vater - ein Freimaurer im 33. Grad - nach außen hin eine strahlende Erscheinung war, der seine Familie liebte und gute Arbeit in der Armee leistete. In seinem Privatleben entpuppte sich sein Vater jedoch als furchtbarer Folterer, der seine Nachkommen durch Traumata geistig *programmierte*... Laut Springmeier war er selbst *"mehrfach programmiert"*, d. h. er hatte in seiner Kindheit extreme Traumata erlitten, die absichtlich herbeigeführt wurden, um seine Persönlichkeit zu spalten: "*Von frühester Kindheit an wurde ich darauf trainiert, als Sexsklave für die sogenannte 'Elite' des politischen Lebens zu dienen* (...) *Ich war ein Kind, das* in der *Lage* war, sich selbst *zu* manipulieren....) *Mein Vater war in jeder Hinsicht ein Genie, er hatte eine nette Seite ... Er war Satanist und Musiker. Er arbeitete für die CIA und war Freimaurer im 33. Übrigens: Es gibt noch viele Grade darüber! Er war ein Gefangener, so wie ich einer war*

*Tief in seinem Inneren gab es einen Moment in seinem Leben,
in dem er wirklich wusste, was er tat. Äußerlich war mein Vater
sehr gut. Er liebte seine Familie, er leistete gute Arbeit in der
Armee, er liebte die Menschen und die Menschen liebten ihn.
Aber ich glaube, es gab einen Klick in seinem Leben, bei dem
er sich bewusst wurde, wer er war und was er im Geheimen
wirklich tat. Einige innere Barrieren brachen, so dass er es
schließlich erkannte... Aber ich glaube, er dachte, dass es ihm
völlig über den Kopf wuchs. Es hätte ihn sein Leben gekostet,
die Richtung zu ändern. Er war zu weit gegangen... ".* (Interview
mit Cisco Wheeler, Wayne Morris, CKLN-FM - Mind Control Series Part 22)

Die Überlebende von rituellem Missbrauch und
Bewusstseinskontrolle, **Kathleen Sullivan**, beschreibt in ihrer
Autobiografie die radikalen Persönlichkeitsveränderungen
(dissoziative Zustände) ihrer Eltern, wenn sie ihre Tochter
misshandelten: "*Jedes Mal benutzte sie ein weißes Laken, um
mich an einem Balken aufzuhängen. **Wenn sie das , wurde ihre
Stimme zu der eines kleinen Mädchens.** Sie schien das
nachzuspielen, was ihr
jemand als Kind angetan
hatte. **Dann wurde ihre
Stimme seltsamerweise
zu der einer älteren
Person, die schreckliche
Dinge über mich sagte**
(...) Mehrmals sperrte sie
mich auch in eine
Holzkiste im Keller.
Manchmal blieb ich
stundenlang mit
Schmerzen in dieser
enge Kiste eingesperrt.
Wenn sie herunterkam,
um mich abzuholen,*
"*befreite und rettete*" *sie mich aus dieser Kiste und fragte mich,
wie ich dorthin gekommen war. **Sie schien sich nicht zu
erinnern und ich konnte ihr nicht sagen, dass sie die
Verantwortliche** war (...) Papa, der Elektroingenieur war,*

*benutzte einige seiner Werkzeuge, die unter Strom standen, um mich im Keller zu foltern. **In solchen Momenten veränderten sich seine Stimme und seine Gesichtsausdrücke. Er lächelte seltsam und seine Stimme wurde um etwa eine halbe Oktave höher.** Selbst wenn er mich schwer verletzte, fühlte ich mich ihm gegenüber wie eine Beschützerin, weil er in diesen Momenten kein Erwachsener mehr war. In jeder dieser traumatischen Situationen **war der aufschlussreiche Faktor, dass meine Eltern wie Fremde mit Amnesie wurden. Sie taten Dinge, an die sie sich später scheinbar nicht mehr erinnern konnten. Aus diesem Grund glaube ich, dass meine beiden Elternteile Alter-Persönlichkeiten waren, die Handlungen begingen, die ihnen nicht voll bewusst waren"**. (Unshackled: A Survivor's Story of Mind Control - Kathleen Sullivan, 2013)

In einem 2005 veröffentlichten Interview mit Jeff Wells sagte Kathleen Sullivan, die sexuell ausgebeutet wurde: *"Ich kenne mehrere Politiker, die sich privat **in Persönlichkeiten von Kindern zurückentwickelten** (...) Zu diesem Zeitpunkt wurde ihr Wortschatz einfacher und sie verwendeten mehr konkretes als abstraktes Denken. **Auch ihre Stimmen und Gesichter wurden jünger. Ich mochte es nicht, wenn sie so umkippten, denn diese Alterskinder waren brutal und sadistisch. Es war wahrscheinlicher, dass sie die Kontrolle über sich selbst***

verloren und mir besonders schreckliche Dinge antaten. In solchen Momenten vergaßen sie, wer ich war, und behandelten mich, als wäre ich eine Frau aus ihrem früheren Leben, die sie hassten."

Diese Aussagen bestätigen die Aussagen einiger Luxusprostituierter, die in Sam Janus' Buch "*A sexual profile of men in power*" wiedergegeben werden. Diese Studie basiert auf mehr als 700 Stunden Interviews mit **Luxus-Callgirls** an der Ostküste der USA, **deren Kunden zufällig prominente Vertreter aus Politik, Wirtschaft, Recht und Justiz waren.** Die meisten von ihnen waren Anhänger einer "*hochgradig perversen Sexualität*" sadomasochistischer und skatophiler Art. **Laut den befragten Prostituierten fielen viele dieser äußerst einflussreichen und ehrgeizigen Männer nach den Sitzungen buchstäblich in ein kindliches Stadium zurück. Sie wollten zum Beispiel in den Armen gehalten, gestillt und wie Babys behandelt werden...** ("*Für eine Psychologie der Zukunft"* - Stanislav Grof, 2009)

Bryce Taylor
ALLEGED CIA SEX SLAVE
NEWS

Die Überlebende **Bryce Taylor,** Autorin des Buches "*Thanks for the Memories*", berichtet, dass ihr Peiniger von Erzeuger auch eine völlig unverdächtige Scheinpersönlichkeit hatte. Nach außen hin verhielt er sich wie ein charmanter Mann, niemand hätte ahnen können, was er privat tun konnte, welche Qualen er seinen Kindern zufügte, um sie zu zerteilen und zu programmieren. **Er selbst litt unter schweren dissoziativen Störungen**: *"Ich glaube, dass mein Vater durch die schrecklichen satanischen Rituale, denen er unterzogen wurde, zu einem "**Mehrfachprogrammierten**" geworden ist. **Aber ich glaube nicht, dass er sich dessen bewusst war, was er tat, als er mich programmierte, da nicht alle Teile (Alter) sich der Gesamtheit seiner Handlungen bewusst waren.** Ich weiß, dass er eine **multiple Persönlichkeit** hatte.... Ich habe gesehen, wie er im Laufe der Jahre in **kindliche Persönlichkeiten** und alle Arten von Wesenheiten gewechselt ist."* (Interview mit Brice Taylor, Wayne Morris, CKLN-FM - Mind Control Series Part 23)

Die klinische Psychologin **Ellen Lacter** aus San Diego, Kalifornien, erklärte 2008: *"Ich habe unglaubliche Aussagen über die Freimaurerei gehört, viele der schrecklichen Misshandlungen scheinen in den Freimaurerlogen stattzufinden. Es gibt offensichtlich viele mächtige Personen, die mit der Freimaurerei verbunden sind, und ich glaube, dass viele rituelle Misshandlungen innerhalb der Logen selbst stattfinden. Nun sage ich nicht, dass alle Freimaurer diese Gräuel praktizieren, das glaube ich nicht. Tatsächlich kann ich nicht wissen, ob der rituelle Missbrauch in Freimaurer-Logen irgendwie Teil der Struktur der Freimaurerei selbst ist, oder ob es sich um Einzelpersonen handelt, die diese Struktur für ihre eigenen Neigungen nutzen. **Immerhin behaupten viele Opfer, die ich für sehr glaubwürdig halte, dass ihre Angreifer wichtige Freimaurer waren"**.*

Im August 2007 sagte **Samantha Cooper** in einem Vortrag auf dem zehnten Jahrestreffen der S.M.A.R.T.-Gruppe öffentlich aus. Bei dieser Überlebenden von innerfamiliärem rituellen Missbrauch und Bewusstseinskontrolle wurde eine dissoziative Identitätsstörung diagnostiziert. Hier einige Auszüge aus ihrem Zeugnis:

*"**Mein Großvater väterlicherseits, mein Urgroßvater, mein Vater und mein Onkel waren Freimaurer mit hohen Graden.** Meine Erinnerungen bezüglich der Sektenerfahrungen konzentrieren sich auf diese Personen. Mein Bruder, meine Schwester und ich waren in kultische Rituale involviert. **Es gab Inzest mit den Eltern, aber auch Verwandte waren Täter, es gab auch Jugendpornografie.** Das Verhalten meiner Mutter war völlig erratisch, es war äußerst schwierig, mit ihr zu leben, da ihre Psychologie so instabil und unberechenbar war. Mein Vater war die meiste Zeit nicht zu Hause. Wenn er anwesend war, schwankte sein Verhalten von einer sehr energischen und aufmerksamen Haltung zu einer zurückgezogenen, distanzierten und stillen Haltung, als ob er die Dinge um sich herum nicht mehr wahrnahm (...) Ich glaube, dass die Protokolle zur Gedankenkontrolle begannen, als ich ungefähr fünf Jahre alt war. Ich glaube, dass meine Eltern dafür bezahlt wurden, dass meine Schwester und ich, die bereits dissoziiert waren, diesen Programmen unterworfen wurden (...).*

*Die Gefühle von Angst und Scham, die mit den Erinnerungen und der Bedrohung des Kindes, das ich war, verbunden sind, sind sehr abschreckend und haben dazu geführt, dass ich diese Erinnerungen noch tiefer in mir vergraben habe. Es gab Aussagen wie **"Niemand wird dir glauben", "Du wirst als verrückt gelten und für immer eingesperrt", "Du weißt** doch, **dass wir diesen Ort kontrollieren"** usw. Eine weitere Drohung lautete, dass ich, wenn ich jemals darüber sprechen oder mich daran erinnern würde, **"in tausend Stücke zerbrechen würde und niemand mich je wieder zusammensetzen könnte"** - ein überzeugendes Argument für ein Kind, das innerlich bereits durch Traumata polyfragmentiert war (...) Die Angst wurde mir zuerst von meinen Eltern eingeflößt, dann durch meine traumatischen Erfahrungen in der Sekte verstärkt und schließlich von den Programmierern und ihrer Gedankenkontrolle verfeinert und reguliert. Diese nutzen den Mangel an Verständnis und Wissen des Kindes aus, um es zu manipulieren und auszubeuten (...) **Ich hatte einfach kein Gefühl oder eine Erinnerung daran, ein Kind gewesen zu sein** (...) **Der einzige Weg, den ich kenne, um mit der Dissoziation umzugehen und das Kindheitstrauma zu heilen, ist , die traumatischen Erinnerungen so zu verarbeiten, dass sie zu normalen Erinnerungen mit einer groben Chronologie werden. Diesen Prozess nenne ich "Brücken bauen"... Ich baue Brücken zwischen meiner Vergangenheit als Kind und meiner Gegenwart als Erwachsener.**

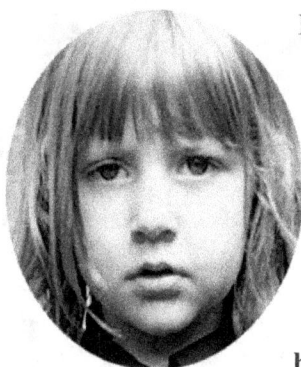

In England haben wir **Arias** Zeugenaussage, die von der Beteiligung von Mitgliedern der britischen Polizei an organisiertem sexuellem Missbrauch von Kindern berichtet. **Aria berichtet, dass sie in** den 1990er Jahren in London **von ihrem Vater gezwungen wurde, an Zeremonien in Freimaurerlogen teilzunehmen,** bei denen sie zusammen mit anderen Kindern rituell missbraucht wurde.

Aria berichtet von mehreren Orten, an denen die Misshandlungen stattfanden, darunter ein Geschäft in Brighton sowie eine Wohnung über dem Schuhgeschäft *Russel & Bromley* in Richmond, London. Ihr Vater und ihr Onkel, die beide in die Freimaurerei eingeweiht waren, nahmen aktiv an Ritualen teil, die speziell darauf ausgelegt waren, die Kinder zu traumatisieren/fragmentieren und sie am Sprechen zu hindern. Die Überlebende Aria spricht in ihrer Zeugenaussage auch von der rituellen Tötung eines Tieres und ihrer Meinung nach auch eines Kindes. Sie beschreibt einige Techniken, die von diesen okkulten Gruppen verwendet werden, um die kleinen Opfer zu traumatisieren und zu kontrollieren:

"Ich erinnere mich an viele seltsame Misshandlungen bei diesen Treffen, die für sie wie Feste waren.... Das war, bevor ich 12 Jahre alt war (...) Es passierte noch etwas anderes mit dieser Freimaurergruppe, an einem anderen Ort, an den ich mich erinnere, dass ich eines Abends mit anderen Kindern dorthin gebracht wurde. Dort gab es ein Schwimmbad. Dort wurde ich einer Ertränkungsübung unterzogen. Sie warfen mich gefesselt in den Pool und mein Vater kam, um mich zu "retten", damit er sich als "Vertrauensperson" etablieren konnte, obwohl

er für den Missbrauch verantwortlich war (...) **Ich erinnere mich nur noch, dass ich auf den Grund des Wassers sank und in einen Zustand der Zeitlosigkeit eintrat.** *Ich war dort, es war wie eine Ewigkeit.* **Das Zeitgefühl war verzerrt, ich weiß nur noch, dass ich irgendwann ... mich entscheiden musste, ob ich am Leben bleiben oder sterben wollte.** **Aber es sah auf der anderen Seite sehr friedlich aus, alles schien viel friedlicher zu sein als die Existenz auf dieser Erde** *(...) Ich erinnere mich auch, dass ich von meinem Vater als Prostituierte mitgenommen wurde. Es gab viele nackte kleine Mädchen und Jungen. Sie legten ihnen Hundeleinen um den Hals und führten sie in kleine, ekelhafte Räume, in die Menschen - Kranke - kommen und bezahlen würden... Das war über dem Schuhgeschäft Russel & Bromley in Richmond. Ich hatte das Gefühl, dass mein Vater mich benutzte, um Geld zu verdienen, es gab auch andere Eltern, die ihre Kinder aus denselben Gründen dorthin brachten. Ich denke, sie sind krank und haben kein Einfühlungsvermögen. Sie sind auf Geld und Macht fokussiert.* **Der tiefere Grund ist, dass sie wahrscheinlich in ihrer Kindheit die gleiche Konditionierung erfahren haben, sie wurden so misshandelt, dass sie sich nicht mehr an diese schrecklichen Empfindungen erinnern können. Also wiederholen sie den Missbrauch einfach in der nächsten Generation.** **Ich glaube, sie haben sich völlig von dem Gefühl gelöst, ein kleines Kind zu sein. Sie haben sich vollständig als Täter identifiziert** *(...) Ich wurde auch in der Freimaurerloge in* **Brighton missbraucht** *(...) Es gab eine in Surbiton, eine in Brighton und die große Loge im Zentrum von London, wo ich eine weitere extreme Erinnerung habe. Es ist mitten im Stadtzentrum, ich glaube, es ist die Hauptloge in London. Es fand eine Zeremonie statt, es waren hauptsächlich kleine Jungen und*

ich anwesend. Sie trugen alle ihre dämlichen Freimaureranzüge.
Bei dieser Zeremonie mit Blutverzehr wurde ein Tier auf einem Altar geopfert. Das Schlimmste an diesem Ritual war der Ablauf des Opfers. Sie wollten, dass alle Kinder zusammenrücken, um dem armen kleinen Jungen ins Herz zu stechen und ihn zu töten ... Auf diese Weise wollen sie dir Schuldgefühle einreden. Sie wollen, dass das Kind glaubt, selbst ein Henker zu sein. Sie wollen Sie mit Schuldgefühlen belasten, damit Sie Angst haben, etwas zu sagen. Sie werden plötzlich dazu gebracht, an etwas teilzunehmen, was Sie absolut nicht tun möchten. Das schafft viele Zweifel und hindert Sie daran, zu sprechen ... Sie haben das Gefühl, selbst zum Täter zu werden. Am selben Tag, während dieser Zeremonie, bildeten die Freimaurer ein Paar mit den kleinen Jungen und mit mir. Sie gingen in verschiedene Räume hinter dem Altar, im hinteren Teil des Gebäudes, um sich anzugreifen und zu vergewaltigen. Mein Onkel war auch dabei und er war es, der mich in einen Raum brachte, um mich zu vergewaltigen. Es war etwas ganz Normales für sie...". (*Aria spricht über rituellen Missbrauch* - karmapolice.earth, 2019)

Die amerikanische Aktivistin und Überlebende von rituellem Missbrauch und Bewusstseinskontrolle, **Jeanette Westbrook**, hat öffentlich über die rituellen Misshandlungen berichtet, denen sie angeblich von ihrem Vater unterzogen wurde. Dieser war ein hoher Beamter und Direktor des National Council of Boiler and Pressure Vessel Inspectors in den USA. In dieser Position beaufsichtigte er die Inspektionen aller Atomkraftwerke der USA. **Er war ein Freimaurer, der in die Freimaurerloge Jeffersontown#774 in Kentucky eingeweiht wurde.** Westbrook äußerte sich öffentlich zu seinem Vater wie folgt:

"*Speziell im Fall dieser Loge gibt es meiner Meinung nach gewisse Beweise, da zwei weitere Fälle vor Gericht verhandelt wurden und es zu Verurteilungen kam. Zwei Angreifer waren mit derselben Freimaurerloge verbunden, der auch mein Angreifer, mein Vater, seit über 30 Jahren angehörte... Gibt es hier eine Korrelation? Ja, denn Gleich und Gleich gesellt sich gern (...) Der letzte Übergriff meines Vaters fand statt, als er 24 Jahre alt war. Dies geschah von der frühen Kindheit an bis zum Alter von 24 Jahren. Der Prozess der Wiedererlangung des Gedächtnisses erfolgte sehr langsam. Man kann sich nur an bestimmte Vorfälle erinnern, oder man hat nur Blitzlichter wie einen Film, den man sich aus der Ferne ansieht, manchmal mit sehr klaren, manchmal mit verwischten Bildern... Ich habe wirklich angefangen, viele Erinnerungen und Geistesblitze zu haben, als ich 28 Jahre alt war und meinen Mann kennenlernte und heiratete (...) Es gab verschiedene Arten von Misshandlungen... Hier ist eine sehr präsente und klare Erinnerung, die ich gezeichnet habe, die ich aber auch dem Polizeiinspektor berichtet habe, als ich Anzeige gegen meinen Vater erstattete: Ich wurde kopfüber mit Seilen in einer Garage in der Nähe unseres Hauses aufgehängt. Ich habe noch heute Narben an meinen Knöcheln.... Ich wurde auch mit einem Lötkolben bedroht oder kopfüber aufgehängt und mit einem Gegenstand penetriert... Ein anderes Mal wurde ich mitten in der Nacht geweckt, um irgendwohin gebracht und vergewaltigt zu werden... Es konnte zu jeder Stunde der Nacht sein, mit Leuten, die ich kannte oder die ich nicht kannte (...).*

Als ich jemandem aus der Familie meines Vaters davon erzählte, erzählte sie mir, dass sie von zwei Mitgliedern dieser Familie vergewaltigt worden war, die auch mich vergewaltigt hatten, als ich ein Kind war! **Ich konnte die Geschichte über mindestens drei Generationen zurückverfolgen... Die Polizei hatte auch Fotografien und Zugang zu dem Ort, an den ich als Kind gebracht worden war, um dort rituell missbraucht zu werden. Die Beweise existieren ...** *Nicht nur mein Privatdetektiv hatte ermittelt, sondern auch andere Polizisten unterstützten mich und begleiteten mich auf dem Weg zum Staatsanwalt (...)* **Ich glaube, dass er und seine Brüder nicht nur versucht haben, mich zu pervertieren, sondern auch meinen Geist zu brechen... meinen Geist in Stücke zu zerlegen, meine Persönlichkeit zu spalten... Meine Schwester erinnert sich, dass mein Vater mich mit verschiedenen Namen anrief, und sie fragte sich, warum ... Er war sich meiner verschiedenen Alter-Persönlichkeiten klar bewusst (...) Ich glaube, und ich bin mir sogar sicher, dass die Organisationen, die wir als Satanisten, Pädophilen-Clubs und Programmierer bezeichnen, sehr gut über das Verteidigungssystem der Dissoziativen Identitätsstörung informiert sind. Sie kennen es sehr gut und versuchen, es absichtlich zu erschaffen, um ihre Perversionen zu verbergen. Sie benutzen es, um ihre Identität zu schützen. Damit ich und alle meine alternden Persönlichkeiten, die den schrecklichen und sadistischen Missbrauch erleiden, morgens aufstehen**

können, um normal zu funktionieren, zur Schule gehen und dann nach Hause gehen können, um mit den Tätern zu leben. Die Akteure hinter den Kulissen, nämlich der Bezirksstaatsanwalt, die mit meinem Fall befassten Polizisten, mein Anwalt und andere Personen in der Staatsanwaltschaft von Kentucky, wussten alle, dass es sich um einen Fall von rituellem Missbrauch handelte ... All diese Leute waren aufgrund der vielen Beweise, die ich hatte, aber auch mit Unterstützung der Zeugenaussagen der anderen Opfer davon überzeugt...".

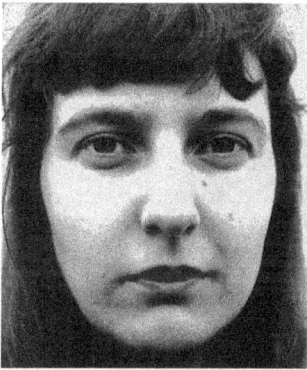

Was Jeanette Westbrook hier beschreibt, wenn sie sagt, dass ihr Vater sie mit verschiedenen Namen ansprach, entspricht einer - eingeweihten - Person, die die dissoziativen Zustände ihres Opfers in einem Prozess der mentalen Kontrolle kultiviert. Auf diese Weise verstärkt er die Persönlichkeitsspaltung (D.I.T.), die durch extreme Traumata zur Ausbeutung der verschiedenen Alter-Persönlichkeiten entstanden ist.

Sie wurde von einem fünfköpfigen Expertenkollegium unter der Leitung des Psychiaters Paul Igodt untersucht, das zu dem Schluss kam, dass **Regina Louf** aufgrund des massiven sexuellen Missbrauchs an einer dissoziativen Identitätsstörung leidet.

In ihrer Autobiografie *Silence on tue des enfants!* beschreibt Louf, wie ein gewisser Tony (Antoine Vanden Bogaert) sie seit ihrer frühen Kindheit buchstäblich im Griff hatte und wie er sie als Sexsklavin in einem elitären pädokriminellen Netzwerk ausnutzte. **Dieser Tony hatte offensichtlich gute Kenntnisse über dissoziative Prozesse und schien diese bei seiner Sklavin sogar zu kultivieren:**

"*In Knokke, bei meiner Großmutter, war den Erwachsenen aufgefallen, dass ich mit den Stimmen in meinem Kopf sprach, dass ich schnell meine Stimmung änderte oder sogar manchmal mit einer anderen Stimme oder einem anderen Akzent sprach. Obwohl ich erst fünf oder sechs Jahre alt war, verstand ich, dass diese Dinge seltsam waren und nicht erlaubt waren. Also lernte ich, meine inneren Stimmen, meine anderen 'Ichs' zu verstecken (...)* Tony war der einzige Erwachsene, der verstand, dass in meinem Kopf etwas nicht stimmte. Das störte ihn überhaupt nicht, im Gegenteil, er kultivierte es sogar. Er gab mir verschiedene Namen: Pietemuis, Meisje, Hoer, Bo. Die Namen wurden langsam zu einem Teil von mir. Das Seltsame war, dass, wenn er einen Namen erwähnte, die Persönlichkeit, die dem Namen entsprach, sofort aufgerufen wurde.** "Pietemuis"* (kleine Maus) wurde der Name des kleinen Mädchens, das er nach dem Missbrauch nach Hause brachte - ein verängstigtes und nervöses kleines Mädchen, das er trösten konnte, indem er auf eine freundliche und väterliche Art mit ihm sprach. "Meisje" (Mädchen) war die Bezeichnung für den Teil von mir, der ausschließlich ihm gehörte. Wenn er mich z. B. früh morgens in meinem Bett missbrauchte oder wenn niemand um uns herum war. "Hoer" (Hure) war der Name des Teils von mir, der für ihn arbeitete. "Bo" war die junge Frau, die sich um ihn kümmerte, wenn er betrunken war und jemand auf ihn aufpassen musste.* **"Wenn ich ihn neugierig fragte, warum er mir so viele Namen gab, sagte er: "Papa Tony kennt dich besser als du dich selbst...". Und das war leider wahr."**

Wer initiierte diesen Tony darüber, wie man Regina Loufs T.D.I. anbaut und ausnutzt? An welchem Ort erhielt er die Lehren über diese Techniken der Gedankenkontrolle? Ist er selbst Mitglied einer Geheimgesellschaft? Ist er selbst ein Opfer mit einer gespaltenen Persönlichkeit?

Der Gang durch den Spiegel= Dissoziation

Extreme traumatische Rituale dienen dazu, diese *"Erleuchtung"* herbeizuführen: Die Transzendierung des physischen Körpers durch das dissoziative Phänomen. Der Kern der satanischen Perversion besteht darin, dem Opfer *"die Seele zu entreißen"*, um seine Energie zu vampirisieren und seinen Geist zu kontrollieren. Es sind nicht die Rituale an sich, die wirklich wichtig sind, sondern vielmehr ihre Auswirkungen auf Ebenen, die über die materielle Welt hinausgehen...

In dem bereits erwähnten Dokument mit den Anhörungen und Protokollen des Falls Dutroux können wir auf Seite 261 die Wiedergabe eines Briefes aus dem Jahr 1996 lesen, in dem pädokriminelle Sektenpraktiken einer Gruppe von Honoratioren beschrieben werden:

Sekten - Orgien - Rosa Ballett in Holland. Brief an die holländische Justiz über Sekten in diesem Land. In Holland gibt es eine Gruppe von 300 Personen, die eine Sekte bilden. Sie organisieren Partys mit Minderjährigen (3 Jahre und älter).

Mitglieder = Rechtsanwälte - Juristen - Richter - Polizisten... *Treffen auf Landgütern, in Hotels oder bei Mitgliedern zu Hause (...) Versammlung am ersten Samstag nach dem Vollmond sowie an christlichen Feiertagen oder Geburtstagen. Gruppen von 12 Personen mit Kindern.* **Vergewaltigung und Folter von Kindern. Große Versammlungen = 50 Erwachsene und 50 Kinder - Drogen, Getränke, Orgien, Vergewaltigungen, Videoaufnahmen des Kindesmissbrauchs. Die Kinder der Gruppenmitglieder nehmen an den Partys teil. Dies führt zur Entstehung multipler Persönlichkeiten bei den Kindern.**

Zu Weihnachten wird die Opferung eines einjährigen Kindes simuliert, das misshandelt wird, aber zum Zeitpunkt der eigentlichen Folterungen durch eine Puppe ersetzt wird. Es wird eine Beerdigung eines 15-jährigen Kindes als Strafe simuliert. **Multiple Persönlichkeiten werden z. B. dadurch provoziert, dass man kleinen Kindern vorgaukelt, dass eine Katze in sie eingeführt wird, die zu einem Panther heranwächst, der auf sie aufpasst, wenn sie etwas sagen oder den Clan verlassen wollen. Diese multiplen Persönlichkeiten werden von Psychotherapeuten des Clans aufrechterhalten. Die provozierten multiplen Persönlichkeiten ermöglichen eine kontinuierliche Kontrolle auch von Erwachsenen, indem sie ein gewisses Gleichgewicht schaffen. Dadurch werden alle Täter zu Opfern...**

Hier finden wir den Begriff der Persönlichkeitsfraktionierung von Individuen, die in diese

elitären Netzwerke involviert sind und ihre eigenen Nachkommen bei traumatischen Ritualen initiieren...

Robert Oxnam saß über ein Jahrzehnt lang an der Spitze der renommierten amerikanischen Kulturinstitution, der *Asia Society*. Er gehört *zur* sogenannten *"Elite"* und verkehrte mit Leuten wie Bill Gates, Warren Buffet, George Bush usw., **aber er ist auch multipel**, d. h. seine Persönlichkeit ist gespalten. **Bei ihm wurde eine dissoziative Identitätsstörung diagnostiziert**, und er schrieb eine Autobiografie mit dem Titel *"A Fractured Mind" (Ein gebrochener Geist)*. Im Jahr 2005 widmete ihm die Sendung *60 Minutes* des Senders *CBS News* einen Bericht, in dem er diese besondere psychische Störung darlegte. Robert Oxnam wurde sehr streng erzogen und stand unter starkem Druck, sozial und beruflich erfolgreich zu sein. Sein Vater war Universitätspräsident und sein Großvater war nicht nur Bischof, sondern auch Präsident des Ökumenischen Rates der Kirchen (ÖRK)... Sein Großvater war kein anderer als **Garfield Bromley Oxnam**, ein wichtiger Vertreter der protestantischen Gemeinschaft in den USA, Leiter der *American Methodist Church* und Freund des Evangelisten Billy Graham, die beide für einen christlichen Liberalismus eintraten, der auf die Errichtung einer Weltreligion *"One Church for One World"* abzielte. **Laut Fritz Springmeier waren G.Bromley Oxnam und Billy Graham Freimaurer des 33. Grades, die an Praktiken des satanischen rituellen Missbrauchs und der Bewusstseinskontrolle beteiligt waren**... John Daniel gibt in seinem Buch *"Two Faces of Freemasonry"* an, dass Großvater Oxnam in der *Temple Lodge 47* in Greencastle am 22. November 1929 den 3. Grad erreicht und am 28. September 1949 den 33. Ehrengrad erhalten haben soll.

Wir haben also Springmeier, der in den 1990er Jahren laut seinen Quellen behauptete, dass Großvater Oxnam ein hoher

A

Fractured

Mind

MY LIFE WITH MULTIPLE PERSONALITY DISORDER

ROBERT B. OXNAM

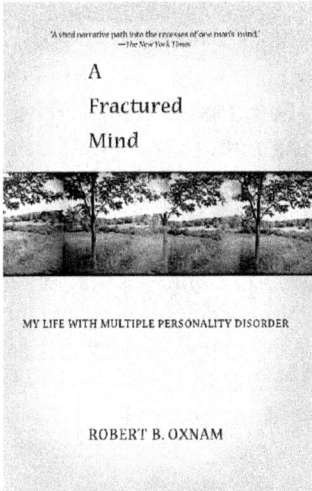

Freimaurer-Insider war, der in traumatische Rituale verwickelt war ... Behauptungen, die nie bewiesen wurden ... **dann haben wir ein Jahrzehnt später (2006) seinen Enkel Robert Oxnam, der öffentlich enthüllt, dass er an einer schweren Persönlichkeitsspaltung leidet ... was ein typisches Symptom der Folgen von traumatischem rituellem Missbrauch zur Bewusstseinskontrolle ist.** Ist das nicht ein starker Hinweis darauf, dass Springmeiers Quellen zuverlässig sind und dass die Oxnam-Familie diese Schrecken an ihren Nachkommen praktizieren würde? Es ist anzunehmen, dass Robert Oxnam eine auf Traumata basierende Programmierung durchlaufen hat. Nach einem brillanten Studium wurde er sehr schnell in den großen Medien hervorgehoben und "befördert", um schnell einen prestigeträchtigen und elitären Posten zu bekommen...

Robert Oxnam war auf dem *Dach der Welt*, aber in seinem Inneren herrschte eine Mischung aus Depression, Wut und Zorn. **Auf der einen Seite war da dieser funkelnde soziale und berufliche Erfolg, auf der anderen Seite verschlimmerten sich sein Unwohlsein und seine ständige Depression.** In den 1980er Jahren wurde Oxnam wegen Alkoholismus und Bulimie betreut. Besuche bei einem Psychiater wegen seiner Suchtprobleme und **seiner wiederkehrenden Gedächtnislücken** brachten überhaupt keine Besserung. Manchmal wachte er mit Spuren von Schlägen und Verletzungen an seinem Körper auf, ohne eine Ahnung zu haben, was die Ursache dafür sein könnte oder in welchem Zusammenhang das passiert sein könnte. **Er hatte offenbar ein anderes Leben nebenher geführt** ... Eines Tages fand er sich verloren in der Menschenmenge der Central Station in New York wieder, er befand sich in einem Trancezustand und **hörte Stimmen**, die ihn bedrängten und ihm sagten, dass er schlecht sei, dass er der schlimmste Mensch sei, der je gelebt habe. 1990 **wurde Robert Oxnam** während einer Therapiesitzung bei Dr. Jeffrey Smith **plötzlich zu einer anderen Person. Sein Psychiater berichtet, dass es eine komplette Veränderung gab, in seiner Stimme, seiner Haltung und seinen Bewegungen.** Während einer Sitzung berichtete Dr. Smith, dass Oxnams Hände *wie Krallen aussahen* und er in einem schrecklichen Zorn war. Diese Wut war von einem kleinen Jungen namens *"Tommy"* ausgegangen. Als Smith Oxnam erzählte, was während der Sitzung passiert war, behauptete dieser, dass er diesen *Tommy* überhaupt nicht kenne und sich nicht daran erinnern könne, was in der Praxis des Therapeuten passiert war. In diesem Moment wurde Dr. Smith klar, dass er es möglicherweise mit einem Fall von multipler Persönlichkeit zu tun hatte.

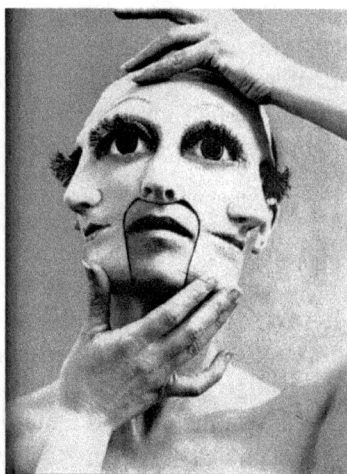

Im Laufe der Therapie **entwickelten sich unabhängig voneinander elf sehr unterschiedliche Alter-Persönlichkeiten.** Zu ihnen gehörten also *Tommy*, ein cholerischer Junge, die *Hexe,* ein furchteinflößender Alter, oder auch *Bobby und Robby.* *Bob* war die dominante Persönlichkeit, d. h. die Wirtspersönlichkeit: die öffentliche Fassade, hier in diesem Fall ein Intellektueller, der bei der *Asia Society* arbeitet. In seinem öffentlichen Leben ging Robert Oxnam seinen Beschäftigungen und Geschäften nach und traf sich immer wieder mit hohen Würdenträgern wie dem Dalai Lama. **Doch dieses öffentliche Leben ließ nichts von seiner tiefgreifenden Persönlichkeitsstörung erkennen...** Während seiner Therapie brachte ein Alter namens *Baby* **Erinnerungen über Gewalt in der Kindheit mit. Dabei handelte es sich um schweren**

sexuellen und körperlichen Missbrauch, der immer von folgenden Worten begleitet wurde: *"Du bist böse, dies ist eine Strafe."*

Hat Robert Oxnam rituellen Missbrauch durch die Freimaurer erlebt? Wurde er in seiner Kindheit einer absichtlichen Persönlichkeitsspaltung unterzogen? Gehörte er zu einer der elitären Familien, die systematische Gedankenkontrolle über ihre Nachkommen ausübten? Woher stammte das furchterregende Alter *"Hexe"?* Wie auch immer, sein Fall ist **ein** gutes Beispiel dafür, wie **jemand eine dissoziative Identitätsstörung haben kann, während er gleichzeitig Geschäfte auf hoher Ebene Posten betreibt und eine ganz normale öffentliche Fassade aufrechterhält.** Ist es das, worauf sich Fritz Springmeier bezieht, wenn er von *Sklaven unter völlig unauffindbarer Gedankenkontrolle* spricht, um diese **willentlich fraktionierten und programmierten** Individuen zu beschreiben *("A Fractured Mind: My Life with Multiple Personality Disorder"* - Robert B. Oxnam, 2006)

Es scheint, dass die traumatische Initiation von Kindern in einigen Logen darauf abzielt, einen Pool von Individuen zu erhalten, die mehr oder weniger geistig programmiert und damit geeignet sind, in naher Zukunft den freimaurerischen Projekten zu dienen. Im Jugend- und Erwachsenenalter erhält das durch den rituellen Missbrauch - und die damit verbundene Gedankenkontrolle - gegangene Kind jede Unterstützung und das nötige Geld vom Netzwerk, um strategisch in die Gesellschaft eingespeist zu werden, wo es mit einer Scheinpersönlichkeit (*Dr. Jekyll*) auftritt. Ziel ist es, "sichere" Personen in Schlüsselpositionen zu platzieren, da "schwache

Glieder" in einem solchen globalen Kontrollsystem nicht in Frage kommen.

Im Zusammenhang mit dem Doppelleben *"Freimaurer-Schizo"* wurde der Fall eines Prominenten, der wahrscheinlich eine gespaltene Persönlichkeit hatte, von Dr. Richard Kluft in seinem Buch *Childhood Antecedents of Multiple Personality* berichtet. Dr. Kluft beschreibt die Geschichte eines 22-jährigen Mannes, der von einem Richter psychiatrisch untersucht wurde, wobei damals die Möglichkeit in Betracht gezogen wurde, dass er an einer dissoziativen Identitätsstörung leidet. Der Mann wurde wegen des Mordes an seinem Erzeuger strafrechtlich verfolgt. Er sagte der Polizei, dass sein Vater **ein angesehener Apotheker** und eine "Säule" der örtlichen Gemeinde gewesen sei, der jedoch in **den Drogenhandel verwickelt gewesen sei und Verbindungen zum organisierten Verbrechen gehabt habe.** Anhand der Aussagen des Angeklagten, seiner Familie und seiner Frau **wurde festgestellt, dass der Vater höchstwahrscheinlich ebenfalls eine dissoziative Identitätsstörung hatte. Er wurde als unberechenbarer Mann beschrieben, der in unangemessene Wutausbrüche mit Stimmveränderungen und ungewöhnlichen Verhaltensweisen geriet. Sowohl der Angeklagte als auch einige Familienmitglieder berichteten, dass der Vater so handelte,** *"als ob er zwei verschiedene Personen wäre",* **und behaupteten, er sei sowohl ein** *"Drogendealer"* **als auch eine** *"Säule der Gemeinschaft"* **- d. h. er hatte einerseits eine okkulte kriminelle Aktivität und andererseits eine sehr angesehene öffentliche Fassade -** Dr. Jekyll & Mr. Hyde - Die Geschichte sagt uns nicht, ob er Freimaurer war, aber sein Status als angesehener Apotheker "Säule seiner Gemeinde" könnte darauf hindeuten, dass er irgendeiner Loge angehörte.

CBS News

Dr. Richard Kluft

Wir können auch **Jacques Heusèle** erwähnen, einen weiteren Fall eines Prominenten, der ein extrem abgeschottetes Doppelleben führte. Heusèle, ein **Freimaurer** und engagiertes Mitglied des Rotary **Clubs**, war ein erfolgreicher Versicherungsagent in Arras... der jedoch ein Doppelleben führte, von dem seine Verwandten nichts wussten. Eine **Parallelexistenz**, die mit einem Prostitutionsring und wahrscheinlich mit der Organisation von Ballet Rosa (Pädokriminalität) verbunden **war... Erst nach seinem Tod** (Mord) **entdeckte und verstand seine Familie, wer er wirklich war** - Dr. Jekyll & Mr. Hyde -.

Die Geschichte sagt uns jedoch nicht, ob Heusèle an einer gespaltenen Persönlichkeit, einer dissoziativen Identitätsstörung, litt. Erinnern wir uns daran, dass es in diesem Fall war, dass der Anwalt Bernard Méry hörte, wie eine Richterin ihm entgegnete: *"Maître, on ne peut rien faire dans ce dossier, vous avez la Franc-maçonnerie ... Qu'est-ce que vous voulez faire contre la Franc-maçonnerie?"*.

In England haben wir den **Waterhouse-Fall** (auch bekannt als *Lost in Care* oder *North Wales child abuse scandal*). Dabei handelt es sich um einen der größten britischen Skandale im Bereich Kindesmisshandlung. Dutzende ehemalige Bewohner von Kinderheimen in Wales berichteten den Ermittlern von entsetzlichen Misshandlungen: "*schwerer und systematischer Missbrauch*", so die Polizei.

Eines der vielen Opfer, **Keith Gregory**, erlitt in seiner Kindheit zwei Jahre lang psychischen, physischen und sexuellen Missbrauch im Heim von *Bryn Estyn*. Keith Gregory, heute **Stadtrat von** Wrexham, sagte aus, **dass er regelmäßig von Mitarbeitern aus dem Heim in ein Hotel gebracht wurde, wo er von Männergruppen sexuell missbraucht wurde, und dass es sich dabei um einen elitären pädokriminellen Ring handelte**. Einsame Heimkinder waren schon immer Ziele dieser Horrornetzwerke... (siehe den ähnlichen Fall des Jersey-Waisenhauses "*Haut de la Garenne*").

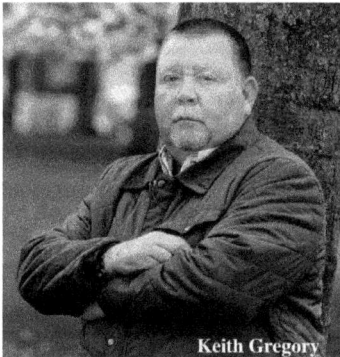
Keith Gregory

Keith Gregory sagte dem Radiosender *BBC5*, er sei davon überzeugt, dass die Täter **dank ihrer *"freimaurerischen Beziehungen"*** der Justiz entgangen seien. **Er behauptet, dass Politiker, Richter und Polizeichefs, die der Vergewaltigung von Kindern, die in diesen Waisenhäusern in Wales untergebracht waren, beschuldigt wurden, der Justiz entgangen wären, weil die meisten von ihnen Freimaurer waren...**

Bill Brereton, der damalige stellvertretende Polizeichef von Nordwales, hatte dringend empfohlen, dass eine **externe und unabhängige Untersuchungsbehörde feststellen sollte, ob ein Freimaurer-Netzwerk die in den Fall verwickelten pädokriminellen Freimaurer hätte schützen können...** eine Bitte, die sehr schnell von seinen Vorgesetzten abgelehnt wurde. Als der Anwalt der Opfer, Nick Booth, versuchte, den "Freimaurer-Faktor" hervorzuheben, wurde er sehr schnell dafür gerügt, dass er die Integrität des Gerichts von Sir Ronald Waterhouse in Frage stellte... selbst ein Freimaurer. Als Nick Booth Richter Waterhouse einfach fragte, ob einige Ermittler, Anwälte oder Zeugen, die mit dem Fall zu tun hatten, Freimaurer waren, wurde diese Transparenz ohne jede Begründung abgelehnt... Booth erklärte dann, dass **"die Treuepflicht eines *Freimaurerbruders* und seine Pflicht zur Unparteilichkeit, wenn er in die Rechtspflege**

Sir Ronald Waterhouse

involviert ist, in die Öffentlichkeit gebracht werden müssen."

Die im Jahr 2000 veröffentlichte Untersuchung der Waterhouse-Kommission, die sich auf den Missbrauch in den Heimen selbst konzentrierte, kam zu dem Schluss, dass es keine Beweise für Schutzmaßnahmen oder ein groß angelegtes pädokriminelles Netzwerk gibt. Die Kommission wurde aufgefordert, die Art der "*Missstände*" in einigen walisischen Waisenhäusern zu untersuchen, doch sie konzentrierte sich darauf, die Anschuldigungen der Opfer, **die ein organisiertes System über die Heime hinaus anprangerten**, systematisch zu entkräften.

Hat die Waterhouse-Kommission wichtige Beweise unterdrückt, um ein Netzwerk zu vertuschen?

Wenn man bedenkt, dass Freimaurer einen Eid ablegen, um ihre *Brüder* zu schützen, egal was passiert, wird die Integrität der Gerichte stark in Frage gestellt, d. h. die Richterschaft und die oberste Hierarchie der Ordnungskräfte ist stark, um nicht zu sagen vollständig, der Loge (unter freimaurerischem Eid) unterworfen...

Die institutionelle Sphäre, die in der Lage ist, echte Gerechtigkeit zu üben: Richter, Anwälte, hochrangige Polizei- und Gendarmeriebeamte sind derzeit größtenteils mit dem Netzwerk der freimaurerischen Geheimgesellschaften verbunden oder direkt in dieses eingeweiht. Dies ist einer der Gründe, warum es heute sehr schwierig ist, in solchen Fällen eine Strafverfolgung zu erreichen. **Die Institutionen der "Justiz", von denen Sie sich den Schutz der Kinder erhoffen... scheinen in Wirklichkeit gegen die Interessen der Kinder zu arbeiten, wie zahlreiche Fälle beweisen...**

1990 wurde in Evansville im US-Bundesstaat Indiana (Vanderburg County) ein schmutziger Fall von pädokriminellen Ritualen wie üblich vertuscht. Damals hatte der Fall des sogenannten "Satanic **Blue House**" landesweites Aufsehen erregt, insbesondere durch die Fernsehsendung *A Current Affair*, die Evansville damals als "*Devil's Playground*" (Spielplatz des Teufels) bezeichnete.

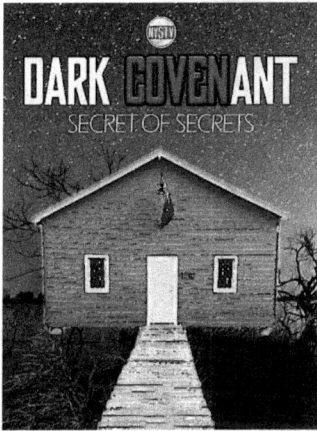

2017 produzierte **Jon Pounders** von *NYSTV* in Zusammenarbeit mit **David Carrico** (Autor von *The Egyptian Masonic Satanic Connection*) eine Dokumentation (*Dark Covenant - Secret of Secrets*), die den Fall des *Blauen Hauses* detailliert beschreibt und in der französischsprachigen Welt kaum oder gar nicht referenziert wird. Aus rechtlichen Gründen erwähnt der Dokumentarfilm die freimaurerische Verbindung des Falles nicht, aber die Produzenten behaupten im Off, dass die Angeklagten alle mit der Freimaurerei in Verbindung stehen.

Jon Pounders behauptet, dass *die an diesem Blauen Haus beteiligten Personen, insbesondere der Schulleiter, dessen Name am meisten genannt wird, aber auch Beamte, all diese Personen, die an den Misshandlungen und an der Vertuschung des Falls beteiligt waren, ausnahmslos Freimaurer waren. Sie waren alle Freimaurer, die Akte ist öffentlich*".

Eines der Opfer sagt aus:

"*Als ich acht Jahre alt war, holten sie mich aus der Schule ... der Direktor kam in die Klasse und sagte dem Lehrer, dass er uns zu einem speziellen Kurs bringen würde, um "zu lernen". Sie nahmen uns mit und brachten uns in dieses Blaue Haus. Wir haben nie Gerechtigkeit erfahren... Die Staatsanwaltschaft hat trotz aller sich überschneidenden Zeugenaussagen nie eine Untersuchung eingeleitet. Wir haben niemandem davon erzählt, weil uns wegen all dem, was wir getan hatten, ebenfalls Probleme drohten... Aber wir waren nur Kinder.*"

Die Kinder aus Evansville gaben an, dass sie aus der Schule genommen worden waren, um in einem sogenannten Blauen Haus **ritualisierten pädo-satanistischen Gewalttaten** ausgesetzt zu werden. Den Opfern zufolge **beinhalteten diese Rituale nicht nur sexuellen Missbrauch, sondern auch Blutopfer.**

Der führende Kinderanwalt Rick Doninger erklärte:

"Alle Kinder im Blauen Haus behaupteten, von Freimaurern missbraucht worden zu sein. Der Staatsanwalt weigerte sich, eine Untersuchung dazu einzuleiten. Warum ist das so? Mysterium!"

Doninger behauptete außerdem, dass die Ermittlungen von Polizisten übernommen wurden, die ebenfalls Freimaurer waren...

Die zahlreichen sich überschneidenden Zeugenaussagen **sowie die medizinischen und psychologischen Untersuchungen, die den Wahrheitsgehalt der Misshandlungen und Traumata bestätigen,** hindern den Staatsanwalt Stanley Levco jedoch nicht daran, gegenüber der Journalistin von *"Current Affair"* zu erklären, dass er nicht an das Wort der Kinder *glaube* und daher keine Ermittlungen einleiten werde...

Trotz zahlreicher Zeugenaussagen und Beweise wurde der Fall nie vor Gericht gebracht und es kam folglich auch nicht zu einer Verhaftung; die kleinen Opfer wurden erneut in der Einsamkeit der Ungerechtigkeit zurückgelassen.

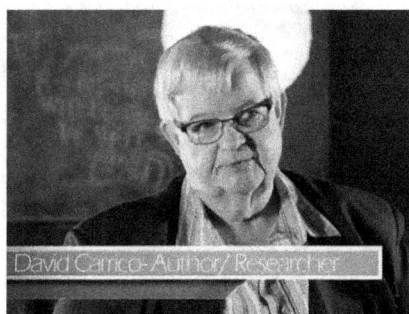

David Carrico sagt, dass *"das Frustrierendste daran ist, dass es zwölf Kinder gab, die von* **Bill Welborn** *(ehemaliger Staatsanwalt) und* **Sue Donaldson** *(Leiterin der psychologischen Abteilung der Universität Evansville) angehört wurden, die sechs von ihnen anhörte:* **Diese Kinder sagten alle dasselbe, ohne sich zu kennen gaben sie alle dieselbe Aussage.** *Sie nannten insbesondere zwei Freimaurer, die sie für Rituale in dieses Haus brachten...* **Dies wurde im Krankenhaus medizinisch bestätigt, der Missbrauch wurde** *zugegeben.* **Da ist dieses Kind, das behauptet, der Schulleiter habe sie in seinem Büro mit einem Gegenstand vergewaltigt...** *Dieses Kind wurde* **im Krankenhaus untersucht und die Vergewaltigung wurde medizinisch bestätigt! Es gibt körperliche Spuren, es gibt mehrere Zeugenaussagen, aber es gibt keine Strafverfolgung!"**.

Der Anwalt Bill Welborn berichtete in *"Current Affair"*: *"Zunächst einmal gab es viele Kinder, die von sehr ähnlichen Praktiken berichteten. Die zweite Sache war die Ähnlichkeit der körperlichen Zeichen des Missbrauchs. Viele von ihnen wurden auf identische Weise angegriffen und verletzt"*.

Bill Welborn
ATTORNEY

Die Kinder berichteten, **dass sie beim Betrachten von Fotos mit Elektroschocks behandelt wurden, um Gut und Böse umzukehren, indem das Foto in das genaue Gegenteil umbenannt wurde, oder dass sie ihre Hände unter heißes Wasser halten** mussten und ihnen gesagt wurde, dass dies etwas Kaltes für sie sei. *"Wir konnten nicht mehr zwischen Gut und Böse unterscheiden"*, behaupteten einige. Sie sagten, sie seien gezwungen worden, tote und gehäutete Tiere in Truhen zu betrachten, gezwungen worden, ihr eigenes Erbrochenes herunterzuschlucken, wenn sie durch den Verzehr der Opfertiere krank wurden. **Es handelt sich hierbei um okkulte Rituale, die**

darauf abzielen, die Vorstellung von Gut und Böse auszuschalten.

Sue Donaldson, damals Professorin für Psychologie an der *Southern Indiana* University, machte in der Fernsehsendung *"Current Affair"* öffentliche Aussagen. Sie untersuchte sechs dieser *Kinder*, sie hatten alle bestimmte ähnliche Narben: "*Als ich das erste Kind sah, fragte ich mich, ob es sich das selbst zugefügt hatte. Als ich das zweite, dann das dritte, das vierte usw. bis zum sechsten Kind sah, hatten sie alle diese Narben an derselben Stelle.* **Sie sagten, dass sie im Blauen Haus von den Lehrern, die sie aus der Schule geholt hatten, geschnitten worden waren.**"

Nach den psychologischen Gesprächen und den körperlichen Untersuchungen konnte Sue Donaldson ihre Worte nicht mehr zurückweisen: *"Diesen Kindern ist etwas passiert"*, wird sie sagen. **Es war ihr klar, dass diese Kinder ein Trauma erlebt hatten, aber sie wusste nicht, was genau es war. Sie würde bestätigen, dass die Kleinen schwer traumatisiert waren** ...

Ein Mitglied der Kinderschutzorganisation *"Children of the Underground"* half einem dieser Kinder (Sarah Jane Wannamaker) und seiner Mutter bei der Flucht nach Altanta, um dem Sorgerecht des angeblich missbrauchenden Vaters zu entgehen. Sarah hatte präzise und detaillierte Aussagen über satanische rituelle Misshandlungen gemacht: Morde, Kannibalismus, Gebete an Dämonen, Drohungen, *sie in zwei Hälften* zu *schneiden*, etc. Dieses Vereinsmitglied hatte damals erklärt, dass Evansville ein generationsübergreifendes Satanistennest sein würde. Die Region ist auch als Hochburg der Freimaurer bekannt...

Sarah sagte, dass **die Henker alle ihre Rituale filmten und den Kindern drohten, Fotos zu veröffentlichen, wenn sie zu reden begännen.** Sie erwähnte einen angeblichen Opfermord an einem Kind, der vom Rektor der Schule (Shriners) verübt wurde, der dem Opfer die Beine abgetrennt haben soll. Es wurde berichtet, dass die kleine Sarah möglicherweise eine **dissoziative Identitätsstörung** entwickelte, da sie während ihrer Aussage von einem Charakter zum anderen wechselte. Sie beschrieb etwa 20 Erwachsene, die blaue oder schwarze Togas mit Kapuzen trugen. Sie zeichnete ägyptische Symbole, die einigen Freimaurer-Ornamenten an großen Gebäuden in der Innenstadt von Evansville ähnelten. Die Kleine behauptete, dass sie Babys in **Gläsern** aufbewahrten und dass **jede Handlung, die sie an einem Kind vornahmen, auf einer Schriftrolle archiviert wurde.**

Fast jedes Mal, wenn ein Fall von "*satanischer/freimaurerischer ritueller Misshandlung*" vor *Gericht* gebracht wird, wird der Fall sofort als unbegründet eingestuft und nicht weiter verfolgt... Diese Abschottung der Justiz könnte die Existenz einer Machtstruktur bestätigen, die über das offizielle Rechtssystem hinausgeht. Ist dies der Begriff *des Staates im Staat* (oder *tiefen Staates*), den Sophie Coignard in ihrer Untersuchung über die Freimaurerei angeprangert hatte? Jon Pounders sagt dazu: "*Das Problem ist, dass wenn man diese Art von Fällen hat, in denen ein Freimaurer einen Freimaurer schützt, ein Richter selbst ein Freimaurer ist usw., dann ist das Problem, dass man nicht weiß, was man tun soll. Selbst ein Staatsanwalt oder Ermittler, der die Dinge voranbringen will, kann das manchmal nicht. Es ist erschreckend, weil viele dieser Leute - Freimaurer - Polizisten sind... In Evansville, Indiana, ist mehr als die Hälfte der Polizeikräfte in die Freimaurerei eingeweiht, und daher wiegt ihr Freimaurereid schwerer als ihr Eid, dem Volk zu dienen und es zu schützen. Das ist ein großes Problem, das auch in der Politik zu finden ist...*".

Wenn ein Atheist mit den Begriffen Satanismus/Luziferismus, Magie/Hexerei, Blutopfer, Dämonologie, Sexualmagie, Geheimbünde usw. konfrontiert wird, steht er vor einer ideologischen Mauer und wird diese übernatürlichen Themen als irrational, abergläubisch oder archaisch bezeichnen. Er ist also intellektuell/spirituell hilflos, wenn es darum geht, pädokriminelle Ritualpraktiken, die dem schwärzesten Okkultismus zuzuordnen sind, auch nur ansatzweise zu verstehen. Es ist eine Hürde, die es zu überwinden gilt, um beginnen zu können, diese harte Realität zu begreifen...

Dr. Stephen Kent sagte: *"Es sind bestimmte abweichende Gruppen innerhalb der Freimaurerei, die mir am meisten Sorgen bereiten. Für mich ist es durchaus plausibel, mir vorzustellen, dass abweichende Freimaurer aus einigen extremistischen Schriften von Aleister Crowley schöpfen oder einige seiner Aussagen über Kinder und Sex oder einige seiner Behauptungen über die Opferung von Kindern oder Erwachsenen wörtlich auslegen und in ihre Rituale einbauen."*

In seinem Buch *"Do What You Will: A History of Anti-Morality"* schreibt Geoffrey Ashe, dass Aleister Crowley *"wie drei oder vier verschiedene Männer"* war.

Crowley selbst beschrieb seine veränderten Bewusstseinszustände, in denen er sich mit anderen imaginären, dissoziativen oder spirituellen Wesenheiten auseinandersetzte. Hatte Crowley selbst eine multiple Persönlichkeit, eine Persönlichkeit, die durch Kindheitstraumata aufgespalten war? Hatte er eine dissoziative Identitätsstörung? In seinem Buch "*Magick in Theory and Practice*" befürwortet Crowley die Selbstbestrafung durch Skarifizierung mit einer Rasierklinge. Therapeuten, die mit Überlebenden rituellen Missbrauchs arbeiten, berichten, dass die Selbstverletzung durch Skarifizierung das häufigste Merkmal von Patienten mit schweren dissoziativen Störungen ist. Der Schmerz und die Endorphinausschüttung, die das Skarifizieren mit sich bringt, ist ein - meist unbewusstes - Mittel zur Dissoziation und zur Linderung des inneren Unwohlseins.

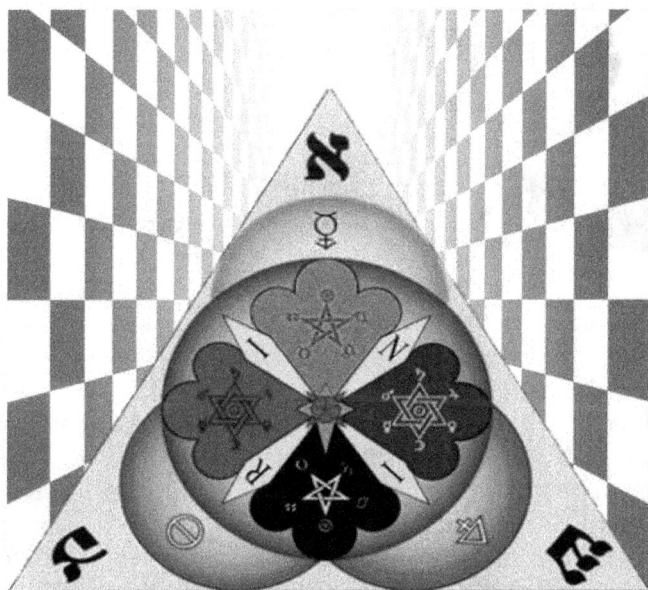

Aleister Crowley trat 1898 dem *hermetischen Orden* des **Goldenen** *Morgens* (**Golden Dawn**) **bei** und wurde schließlich 1900 aus dieser Geheimgesellschaft ausgeschlossen. Im Jahr 1901 wurde der Golden Dawn von einem Skandal erschüttert.

Theo Horos (Franck Jackson) und seine Frau wurden der Vergewaltigung eines sechzehnjährigen Mädchens beschuldigt. Damals **kam der Richter zu dem Schluss, dass das Paar die Rituale des Golden Dawn für die sexuelle Ausbeutung von Minderjährigen genutzt hatte.** Laut Richard Kaczynski, dem Autor von *"Of Heresy And Secrecy: Evidence of Golden Dawn Teachings On Mystic* **Sexuality"**, **seien sexualmagische Praktiken etwas, das innerhalb dieser Geheimgesellschaft üblich sei. Die Sexualmagie ist eine gemeinsame Lehre all dieser verschiedenen Luziferischen Logen.**

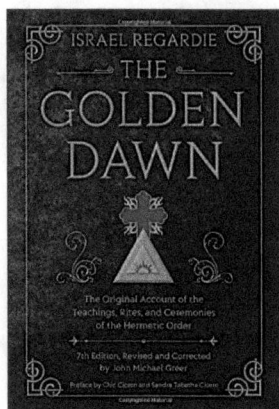

Der Golden Dawn soll nach der Entdeckung mysteriöser germanischer Dokumente gegründet worden sein. Es handelte sich um verschlüsselte Manuskripte, die von einem der Gründungsmitglieder des Ordens, Dr. William Wyn Westcott, einem Freimaurer, entschlüsselt und neu transkribiert wurden. Später gerieten die Dokumente unter Fälschungsverdacht und um die Frage zu klären, leitete die Autorin von *"The Magicians of the Golden Dawn"*, Ellic Howe, Westcotts Übersetzungen an einen Experten für Graphologie weiter. **Dieser kam zu dem Schluss, dass Westcott aufgrund seiner verschiedenen, stark ausgeprägten Schreibstile wahrscheinlich an einer multiplen Persönlichkeitsstörung (dissoziative Identitätsstörung) leidet.** In seinem Buch *"What You Should Know About The Golden Dawn"* bestritt Gerald Suster, ein Anwalt des Golden Dawn, das Argument der multiplen Persönlichkeitsstörung und merkte an, dass ein anderes prominentes Mitglied des Ordens, Israel Regardie, ebenfalls einen Schreibstil hatte, der variieren konnte, und dass bei ihm nie eine multiple Persönlichkeit oder irgendeine psychiatrische Störung diagnostiziert worden war... **Eine Interpretation dieser Schreibvariationen wäre, dass diese Männer beide dissoziative Störungen haben, die durch**

traumatische Ritualerfahrungen verursacht wurden. Therapeuten, die auf dissoziative Störungen spezialisiert sind, beschreiben gut, wie eine Veränderung des Schreibstils bei ein und derselben Person ein Marker ist, der das Umschlagen von einer Persönlichkeit in eine andere anzeigen kann. ("Cult & Ritual Abuse" - James Randal Noblitt & Pamela Perskin Noblitt, 2014, S.141)

- Dr. Jekyll & Mr. Hyde -

Wir haben bereits den **Ordo Templi Orientis** (O.T.O.) und seine okkulten Praktiken der Sexualmagie erwähnt. Dieser Geheimbund (Unterstruktur des Goldenen Dawn), der als Freimaurerei bezeichnet werden kann, da er von zwei Freimaurern gegründet wurde und auf demselben Schema und demselben gnostischen Nährboden beruht, wurde mehrfach **als ein regelrechter pädokrimineller Ring angeprangert**.

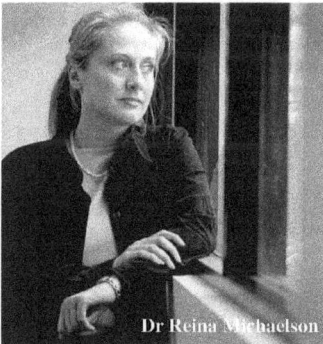

Dr Reina Michaelson

Die australische Psychologin **Reina Michaelson**, die 1996 einen Preis für ihre Arbeit zur Verhinderung des sexuellen Missbrauchs von Minderjährigen erhalten hat, **behauptet, dass bei einigen Ritualen der O.T.O. Kinder buchstäblich abgeschlachtet werden**. Die O.T.O. verklagte Michaelson wegen dieser Anschuldigungen und gewann den Prozess.

Die Psychologin hatte laut ihren Quellen erklärt, dass dieser Geheimbund ein *pädophiles Netzwerk* sei, dessen Mitglieder rituellen Missbrauch betreiben, der Sexualmagie, auf

Traumata basierende Bewusstseinskontrolle und die Produktion von Kinderpornografie beinhaltet. Sie sagte auch, dass *dieser satanische* Kult *sehr viel Macht habe, da er von sehr mächtigen und einflussreichen Familien geleitet werde.* Sie ließ auch anklingen, dass hochrangige Politiker und andere Fernsehpersönlichkeiten Teil eines hochrangigen und von den Behörden gedeckten pädokriminellen Netzwerks seien.

1995 wurde das O.T.O. in einem parlamentarischen Bericht der Untersuchungskommission über Sekten in Frankreich als luziferische Sekte aufgelistet.

In seinem Buch "*Das dem Satan geopferte Kind*" schreibt der Journalist **Bruno Fouchereau**: "*In Italien wurde in Rom die Existenz einer O.T.O.-Gruppe aufgedeckt, die in ihren Ritualen Kindervergewaltigungen durchführte, was einen Skandal auslöste, da die goldene Jugend der Stadt daran teilnahm, ebenso wie* bekannte *Anwälte...*".

In der Untersuchung von Bruno Fouchereau wird die Aussage von **Samir Aouchiche** wiedergegeben, der Opfer einer parafreimaurerischen Sekte namens "**Alliance Kripten**" wurde. Hier eine Passage aus dem Buch, die den Ablauf einer Golden-Dawn-Zeremonie beschreibt, an der **Kinder beteiligt** waren und an der Aouchiche teilnahm: "Endlich kommen sie in den Saal. Auch hier hat sich das Bühnenbild geändert. Die Wände sind nun mit schwarzem Stoff bespannt, die Neonröhren sind ausgeschaltet und Halogenlampen beleuchten den Raum indirekt. **Auf dem Boden ist ein riesiges lilafarbenes Dreieck gezeichnet, in dessen Mitte eine Art Schachbrettmuster gelegt wurde. Auf jeder Seite des Dreiecks stehen zwei Arten von etwa zwei Meter hohen Säulen, die wie Obelisken aussehen. Die eine ist schwarz und weiß, die andere rot und grün. Am Ende des Raums, gegenüber dem Eingang, stehen auf einer Art Podest, das von vier Kandelabern eingerahmt wird, zwei große rot-goldene Sessel (...) Fünf bis sechs Kinder sind dort**, einige offensichtlich in Begleitung ihrer Väter oder anderer Personen, die ihnen nahe stehen. Ein kleiner Junge von etwa sechs Jahren, der sich weigerte, die Hand seines Vaters loszulassen, erhält eine monumentale Ohrfeige, die ihn zu Boden rollen lässt, unter dem Gelächter der Erwachsenen, die sichtlich erfreut über den Anblick dieses halb betäubten Jungen sind (...) Samir traut seinen Augen nicht! Die Erwachsenen sind eigenartig gekleidet.

Samir Aouchiche

L'Enfant
sacrifié à Satan

Enquête réalisée par Bruno Fouchereau

librairie "Vues sur Loire" filipacchi

Die meisten tragen **große weiße Schürzen, einige sind grün und rot.** Andere sind **ganz in Leder gekleidet** (...) Andere haben den Oberkörper frei, **tragen aber eine Maske.** Insgesamt sind es etwa zwanzig Personen, die bunt gemischt gekleidet sind. Alle haben sich in der Nähe des kleinen Nebenraums des Saals versammelt. In diesem Fall scheint er als Umkleideraum zu dienen, denn die Männer und Frauen kommen alle in mehr oder weniger seltsamer Kleidung heraus, obwohl sie den Raum in Straßenkleidung betreten haben. Auch Ajouilark ist hier, **in einen roten Saum gehüllt. Auf seiner Brust ist ein riesiges lilafarbenes Dreieck mit schwarzem Rand und einem weißen Kreuz abgebildet. Sein Gesicht ist maskiert**, aber Samir kennt seine Augen zu gut, um ihn nicht zu erkennen (...) Eine Messemusik ertönt und "der Kaiser", gefolgt vom Kommandanten, geht zum Podium. Währenddessen ist Steerlarow fleißig und bereitet auf Silbertabletts große Mengen von dem vor, was Samir später als Kokain kennenlernt.

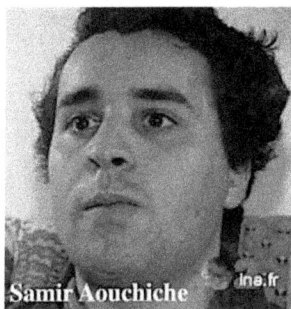

Samir Aouchiche

Ondathom ergreift Samirs Arm, um ihn, die Gewinnerinnen und die anderen Kinder vor die Bühne zu führen, wo sich alle in einer Reihe aufstellen. Die Erwachsenen verteilen sich mit einer Art grimmiger guter Laune an den Seiten des Dreiecks, mit Blick auf die Säulen und das Podium (...) **Während die Tabletts durch das Publikum gereicht werden, ziehen Ondathom und der Chinese die Kinder rücksichtslos aus. Einige schluchzen, andere schützen ihre Gesichter, als würden sie jeden Moment Schläge erwarten** (...) Die Gespräche laufen auf Hochtouren: Ein Mann, der eine rote Maske trägt, erklärt, dass er empfindlich auf Samirs Hintern reagiert, eine Frau in einem weißen Sack lobt nur die Gewinnerinnen von Steerlarow (...) Während der Rede des Kaisers **hat** Ondathom, mit einem Kupferziborium in der Hand, **den Kindern einen Schluck einer bitteren roten Flüssigkeit zu trinken gegeben. Alle fühlen dann schnell das Gleiche. Ihnen wird schwindlig. Sie werden zwar nicht bewusstlos, aber sie sind plötzlich in einer Art Nebel gefangen. Die Erwachsenen bemerken die Wirkung der Droge, weil die Kinder aufeinander liegen.** Der Kaiser fährt fort: "*Kommandeur, tragt das Banner nach Osten!*". Ajouilark nimmt das besagte Banner und geht damit an die Ostwand des Raumes. **Es zeigt ein goldenes Kreuz mit einem weißen T auf seiner Achse, das auch das Zentrum eines sechszackigen Sterns ist, der aus zwei Dreiecken besteht, von denen eines rot und das andere blau ist. "** *Commander, tragen Sie das Banner in den Westen!*" Die Flagge des Westens ist ein

goldenes Dreieck auf blauem Grund mit einem roten Kreuz in der Mitte. Samir sieht diese Banner wie durch einen Nebel, aber die Symbole darauf werden sich für immer in sein Gedächtnis brennen. Der Kaiser hebt seine Arme zum Himmel und schließt die Augen, um sich besser konzentrieren zu können (...) *"Tränkt diese jungen Wesen (der Kaiser scheint die Kinder zu segnen) mit Kraft und Reinheit, ihr, die ihr die Meister der elementaren Mächte seid, die ihr kontrolliert, und lasst diese jungen Wesen ein wahres Symbol für die innere und spirituelle Stärke unseres Ordens bleiben."* **Dieses Ritual ist eines der Rituale des Golden Dawn und scheint dasjenige zu sein, dem Samir am häufigsten unterzogen wurde.** Samir hört die Worte des Kaisers kaum noch, er hat das Gefühl, zu fallen, in einen Strudel geraten zu sein. Alles dreht sich, die Gesichter vermischen sich und er kann kaum hören, wie der Kommandant deklamiert: *"**Die Körper dieser Kinder sind das Brot, das wir teilen. Sie enthüllen unsere Bindungen und durch unsere Sexualität, die endlich vom Joch der jüdisch-christlichen Unterdrücker befreit ist, reinigen wir uns und kehren in die heilige Ebene der himmlischen Ritter des Ordens der Kripten-Allianz zurück. Sex und alle Freuden unserer Sinne sind das einzige Gesetz, das es zu erfüllen gilt. Dient euch selbst, meine Brüder, im Namen des Prinzen, unseres Herrn, und Ehre sei Thule..."*.** Der Kommandant lässt seinen Worten Taten folgen und hebt seinen Saum an, sodass ein aufgerichtetes Geschlechtsteil zum Vorschein kommt. **Er nähert sich einem kleinen Mädchen von etwa zwölf Jahren, das seit Beginn der Zeremonie schluchzt. Das Kind leistet kaum Widerstand (...) Schon haben sich Männer und Frauen auseinandergezogen, um sich ihrer Lust hinzugeben, andere packen Kinder... Samir fühlt sich abgetastet, umgedreht ... und fällt dann in eine Art Wachkoma, eine völlige Gefühllosigkeit, als wäre das alles nicht wahr, als wäre sein Körper nicht sein Körper, als wäre er nur ein Beobachter dieses abscheulichen Treffens ..."**. (Samir tritt hier in einen dissoziativen Zustand ein)

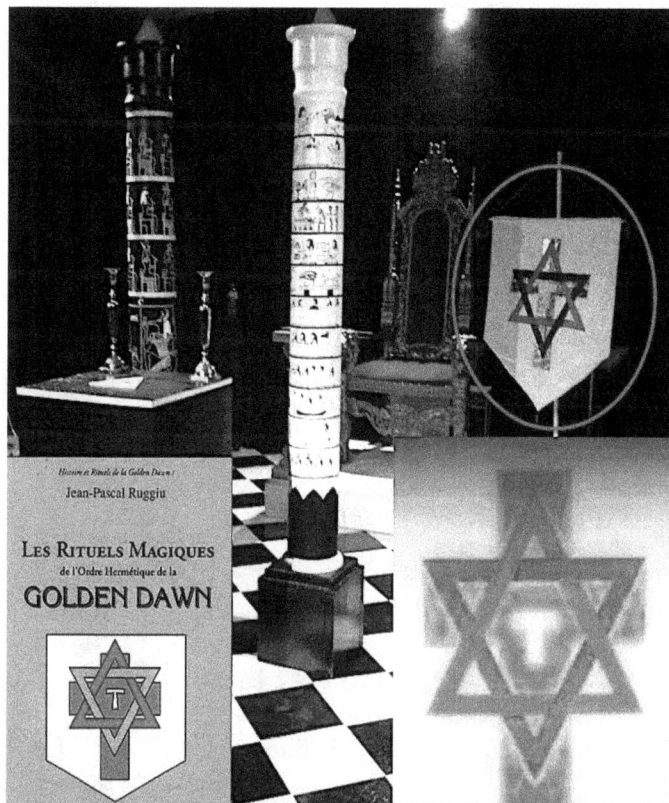

Es handelt sich hierbei um ein **"pädo-satanisches"** Ritual mit Vergewaltigung und Folter von Kindern unter dem Deckmantel einer luziferischen Doktrin, die sich auf den Satz *"Tu, was du willst, das ist das ganze Gesetz"* reduzieren lässt. Die Sekte "Alliance Kripten", die diese Gräueltaten praktiziert, scheint die Rituale des Goldenen Dämmers, die ihrerseits aus den Sphären der Freimaurerei stammen, genauestens anzuwenden... Wie eingangs erwähnt, handelt es sich hierbei um eine *russische Initiationspuppe*, in der sich verschiedene *esoterische Schulen* überschneiden, von denen die einen in einem sehr selektiven Initiationsprozess die Türen zu den anderen öffnen. **Es handelt sich nicht um** *"freimaurerische Entgleisungen"* **oder** *"abweichende Randgruppen"*, **sondern um die tiefsten - und**

elitärsten - Sekten mit freimaurerischem Wesen, in denen
Gut und Böse nicht mehr existieren...

Im Fall Alègre scheinen die Geständnisse eines Richters die
Existenz dieser ultra-gewalttätigen Sektengruppen zu
bestätigen, die in Frankreich Ritualmorde begehen... Pierre
Roche, damals Präsident des Berufungsgerichts von
Montpellier, starb 2003 auf verdächtige Weise. Seine Kinder,
Charles-Louis Roche und seine Schwester Diane, beide
Juristen, behaupten, dass ihr Vater dem Netzwerk, in das er selbst
verwickelt war, zum Opfer gefallen sei. Einige Wochen vor
seinem Tod, als er sich bedroht und unter Druck fühlte, hatte sich
der Richter ihnen anvertraut und ihnen in einer Form von Reue
und extremen Schuldgefühlen von seinen "Schandtaten"
berichtet. Er beschrieb ihnen die kriminellen Rituale dieser
Sektengruppe... 2005 prangerte Charles-Louis Roche die
makabren Vertraulichkeiten seines Vaters öffentlich an: "Es war
sehr klar, unser Vater hat uns von einer Art Sekte erzählt,
hinter der eine Art ideologischer Korpus stand....

Wie funktioniert diese Sekte? Man nähert sich Leuten, die Macht haben, denn wenn man keine Macht hat, ist man uninteressant. Wenn jemand also Macht hat, kann er nützlich sein und man denkt eventuell darüber nach, ihn anzuwerben, natürlich nur, wenn man bei ihm die moralische Korruption entdeckt hat, die ihn zu einem geeigneten Mitglied machen würde.

Charles-Louis Roche

Man möchte auf keinen Fall jemanden anwerben, der die Gruppe sprengen könnte oder der das, was er gesehen hat, melden könnte. Also **rekrutiert** man Leute, die interessant erscheinen und bei denen **man diese Art von Berufung, die ich als teuflisch bezeichnen würde, entdeckt hat... Man lädt diese Person zunächst zu Partys ein, die weniger extrem sind als die, die sie später erleben wird, aber bei denen man sie einschließt und filmt, was während dieser Partys passiert.** Dadurch wird sichergestellt, dass das Mitglied in Zukunft loyal ist und nie mit jemandem darüber sprechen wird. Die Moral, wenn ich so sagen darf, oder die Ideologie, die dieser Gruppe zugrunde liegt, ist sehr ernst, was sie über unsere Gesellschaft aussagt...

In dieser Gruppe wird ihnen erzählt, dass alle Regeln, die man ihnen von Anfang an in den Kopf gesetzt hat, sei es in der Schule, in der Gesellschaft usw., Einschränkungen ihrer Freiheit sind, die sie daran hindern, die *Quintessenz des Menschengeschlechts* zu erreichen, und dass man daher alle Regeln ablehnen muss, angefangen bei den Gesetzen, der Moral und dem Anstand. Es besteht die Notwendigkeit, diese Regeln zu brechen, manchmal buchstäblich alle Tabus zu verletzen, um eine Art von Schlössern zu sprengen, die man seit der Kindheit in unsere Köpfe einbaut. So beginnt man

mit Vergewaltigung und Folter, um schließlich zum Mord zu gelangen... Hier sind also Menschen, die danach tatsächlich völlig zügellos werden, von ihren Kräften besessen sind und durch gegenseitige Ermutigung dazu gebracht werden, immer weiter in den Horror vorzudringen (...).

Unser Vater erzählte uns von Leuten aus medizinischen Kreisen und sogar von Akademikern. Diese geheime Gruppe rekrutierte viel aus Justizkreisen und selbst hochrangige Polizisten waren dort sehr beliebt. Es handelte sich also um eine geheime Gruppe, deren Aktivitäten darin bestanden, unter strengster Geheimhaltung eine Art Zeremonie abzuhalten, bei der so seltsame und einheitlich ekelerregende Praktiken wie Gruppensex, Skarifizierung usw. kombiniert wurden. Er beschwor vor uns Bilder herauf, die einem die Haare zu Berge stehen ließen. Er erzählte uns von verkohltem Fleisch, von Zigarettenverbrennungen, von durchbohrtem Fleisch. Er sagte uns, dass die Menschen **bei diesen Sitzungen gefoltert** und **manchmal sogar getötet würden**... Es gab Kranke, die diese Art von Behandlung **verlangten**, aber es gab auch **nicht einwilligungsfähige Personen, manchmal Kinder, die zuerst gefoltert und dann getötet wurden, wobei alles gefilmt und mit illegalen Videos gehandelt wurde, die unter der Hand zu verrückten Preisen gehandelt werden würden.** Er erzählte uns, dass die Beute dieser Gruppe von High-Society-Räubern aus den untersten Schichten der Gesellschaft rekrutiert wurde, aus den Kategorien von Menschen, die nie gesucht werden. Er erzählte uns von Prostituierten, er erzählte uns von "*Clodos*", ich zitiere den Begriff, den ein Magistrat verwendet hat. Manchmal erwähnte er sogar Ausländer, die sich illegal im Land aufhalten, je nachdem, was ihnen gerade in die Hände fiel, nehme ich an. Das heißt, Menschen, die entweder alle Verbindungen zu ihrer Umgebung abgebrochen haben oder keine legale Existenz haben, Menschen, nach denen niemand suchen wird oder über die jede Untersuchung von Anfang an mehr oder weniger zum Scheitern verurteilt ist. **Natürlich sind die Mitglieder dieser Gruppe aufgrund ihrer einflussreichen Positionen in der Lage, im Keim zu ersticken, indem sie die Hebel in Bewegung setzen, die ihnen zur Verfügung stehen, falls ein Fall ans Licht zu kommen droht.**

2008 hielt Charles-Louis Roche im Théâtre de la Main d'Or in Paris eine Reihe von kostenlosen Vorträgen. Der Jurist beschrieb darin die Hintergründe unserer Institutionen und stützte sich dabei auf die Enthüllungen seines Vaters. Könnte der von den Medien als isolierter Serienmörder dargestellte Patrice Alègre nur ein Lieferant von "Frischfleisch" für das Netzwerk der *Brüder* in der Region Toulouse gewesen sein?

"Sie wollen wissen, was hinter all diesen Fällen steckt, von denen man in den letzten Jahren viel gehört hat? Alègre, Dutroux, Fourniret, die Verschwundenen von Yonne, und dann all die, von denen man nie etwas hört... Nun, sie folgen alle demselben Schema (...) Der *Serienkiller* ist eine sehr bequeme Erklärung, er ist der perfekte Lampion. Er ist der Verrückte, der alles getan hat! Warum ist das so? Weil er ein kranker Mensch ist, gehen Sie weiter, es gibt nichts zu sehen, suchen Sie nicht weiter. Versuchen Sie erst gar nicht, bis zu unseren Meistern vorzudringen, die die Auftraggeber sind, für die Alègre, Fourniret und Co. nur die Vollstrecker der fünfzigsten Zone sind, Lieferanten von Frischfleisch für ihre Abende in der Hölle! **Was hinter dieser Affäre steckt, ist die politische Protektion bis auf die höchste Ebene des Staates in Bezug auf Pädophilie und Entführungen von Menschen. Schutz, von dem auch heute noch eine Liste von einundsiebzig pädophilen Magistraten profitiert, die in der Staatskanzlei geheim gehalten wird. Einundsiebzig pädophile Magistrate, gedeckt und immer noch im Amt! Ich würde sogar sagen, dass sie umso mehr gedeckt und im Amt gehalten werden, weil sie heute sehr nützlich geworden sind! Jetzt, da wir eine Akte über sie haben und sie auf einem Schleudersitz sitzen, werden sie genau das tun, was die Macht ihnen zu tun vorgibt."**

Der Psychosoziologe und Schriftsteller **Christian Cotten** hat sich mehrmals mit den Kindern des Richters Pierre Roche getroffen. Charles-Louis und Diane berichteten ihm detailliert von den Aussagen ihres Vaters über diese sektenartige Gruppe in der Region Toulouse; Behauptungen, die Cotten bereits aus dem Mund einiger Polizeibeamter gehört hatte:

"Was erzählen sie uns kurz zusammengefasst? Sie erzählen uns von etwas, das manche vielleicht als "satanische Praktiken" bezeichnen werden... Es scheint, dass ihr Vater ihnen erklärt hat, **an rituellen, organisierten und strukturierten Zeremonien** teilgenommen zu haben, **die von etwas geleitet wurden, das Charles-Louis als "Zelebranten" bezeichnet. Wir befinden uns also in einem Rahmen, der "religiösen" Praktiken nahe kommt,** in dem sich die Menschen anscheinend zusammenfinden, um eine kollektive Erfahrung mit Praktiken der Gruppensexualität zu machen (...) Das Problem beginnt, wenn man anfängt, uns von Folter und verschiedenen Misshandlungen der Teilnehmer zu erzählen, und dann vor allem, wenn man anfängt, uns zu sagen, dass eine gewisse Anzahl dieser Zeremonien mit dem Tod endet (...).) Man spricht hier nicht von Menschen, von denen man annehmen könnte, dass sie unter verschiedenen psychiatrischen Erkrankungen leiden... Nein, man spricht von Richtern, Politikern, Finanziers, Akademikern, Medienleuten... **Das heißt, von Honoratioren, die sich durch gegenseitige Patenschaften von Generation zu Generation zusammenschließen würden. Ich selbst habe Erinnerungen an Reden von pensionierten Polizeibeamten, die mir sehr genau dieselben Geschichten erzählten und mir erklärten, dass eine gewisse Anzahl von Politikern durch kollektive sexuelle Praktiken , die in Ritualmorden enden, von dieser Art von Mafiasystem zusammengehalten werden...** Und leider erkenne ich in den Aussagen von Charles-Louis und Diane sehr genau das wieder, was mir diese Polizeibeamten berichtet haben.

Was mich in der Aussage von Charles und Diane sehr verwirrt, ist, dass sie völlig mit der Allègre-Affäre verbunden zu sein scheint, da das sozio-professionelle Umfeld ihres Vaters, Herrn Pierre Roche. Wir finden dieselben Namen, dieselben Magistrate (...) Muss man daran erinnern, dass die Alègre-Affäre in Toulouse 190 ungeklärte Morde über einen Zeitraum von zehn Jahren umfasst, von denen viele von denselben "Experten" (Gerichtsmedizinern) als vorgetäuschte Selbstmorde getarnt wurden, von denen man sich zu Recht fragen kann, ob sie nicht zu der Gruppe gehört haben, von der Pierre Roche behauptet, dass er zu ihr gehört hat (...).Wie ist es möglich, dass in einer so genannten demokratischen Republik, einem Rechtsstaat, institutionelle Systeme zu derartigen Praktiken führen... Ich habe keine Antwort auf diese Frage, ich frage mich...".

Es sind die Großen Mysterien der zeitgenössischen Geheimgesellschaften, in denen wir die Erklärungen für diese ritualisierten, kriminellen, extremen und irrationalen Praktiken finden...

Der ehemalige Polizeihauptmann von Toulouse, Alain Vidal, der eine parallele Untersuchung zum Fall Alègre durchführte, berichtete: "Diese Partys fanden in der Umgebung von Toulouse und sogar in Lokalen in den angrenzenden

Departements statt. Es versteht sich von selbst, dass man an solchen Orten nicht irgendjemanden traf, sondern relativ wohlhabende Personen wie: **Firmenchefs, (öffentliche Arbeiten, Bauwesen, Autohändler, Anwälte, Politiker, Abgeordnete, Ärzte aller Couleur, usw.). Ich vergesse auch nicht einige meiner ehemaligen Kollegen oder Gendarmen, die zweifellos weniger wohlhabend sind, aber auf ihrer Ebene einige kleine Dienste leisten können....**

Laut Aussage einer Wirtin kamen manchmal bis zu siebzig Personen pro Abend, vorzugsweise maskiert (aber in der Nacht fielen die Masken von selbst), und so erkannte sich die ganze "schöne Welt" wieder. Es wurde sogar angegeben, dass jeder Teilnehmer die Summe von 4000 Franken zahlte".

Eine weitere para-freimaurerische Gnostikergruppe, die wegen **pädo-satanischer** Praktiken **und Ritualverbrechen** angeklagt wurde, ist der **Martinismus**, der bereits am Anfang des Dokuments erwähnt wurde. Die Doktrin des Martinismus, die insbesondere von Martinès de Pasqually eingeführt wurde, ist eine "christliche" Esoterik, die als illuministisch bezeichnet wird. **Der Martinismus ist einer der mystischen und spirituellen Zweige der Freimaurerei.** Da beide Orden gemeinsame Grundlagen und eine große Anzahl gegenseitiger Mitgliedschaften ihrer

Mitglieder haben, können wir sagen, dass sie miteinander verflochten sind: Die Initiation in einer Freimaurerloge ist in der Regel der erste Schritt, bevor man Zugang zu esoterischen Schulen wie dem Martinismus erhält.

Société

Eux aussi, ils prostituaient leurs enfants

Un couple et une femme appartenant au réseau pédophile d'Angers viennent d'être arrêtés. L'enquête s'intéresse à d'autres milieux.

Véronique Liaigre ist eines der Opfer des pädokriminellen Netzwerks von Angers, ein Fall, der 2001 die Schlagzeilen der großen Medien beherrschte. **Véronique sagte den Ermittlern, dass ihre Eltern sie an wohlhabende Leute "vermieteten"**... Sie behauptete auch, **dass sie in einer Gruppe von Martinisten an rituellen Misshandlungen satanischer Art teilgenommen hatte**...

Am 5. Juli 2001 strahlte TF1 eine Reportage über diese Überlebende aus, hier einige Auszüge:

Off-Stimme: Véronique ist 20 Jahre alt und seit ihrem fünften Lebensjahr durchlebt sie die Hölle. Sie wurde von ihren Eltern vergewaltigt und prostituiert, die sie angezeigt hat und die darauf warten, vor dem Schwurgericht zu erscheinen, aber sie konnte denjenigen entkommen, die sie als ihre Peiniger bezeichnet. Ihre Geschichte ist nicht alltäglich und mag sogar erfunden erscheinen. Doch auch wenn Zweifel berechtigt sind, ist das, was diese junge Frau uns spontan erzählt und wiederholt hat, empörend. **Insbesondere wenn sie trotz der Drohungen, die angeblich gegen sie gerichtet sind, behauptet, einer satanistischen Sekte, den Martinisten, angehört zu haben und selbst gefoltert und gequält worden zu sein.**

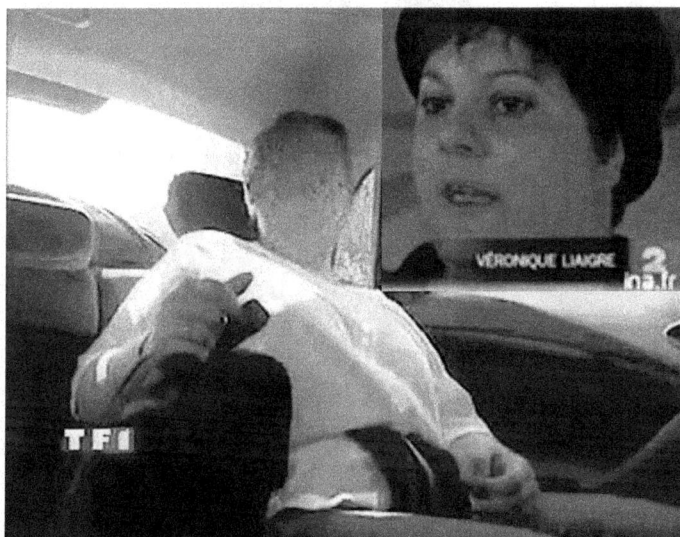

- Véronique Liaigre: **Man wird geschlagen, man bekommt Gegenstände in die Körperöffnungen gesteckt, manchmal werden Kinder geopfert, um Satan zu danken, es gibt viele solche Dinge ... Man tötet ein Tier, gießt uns das Blut über den Kopf und den Rest in eine Kuppel, die man auf den Altar stellt.**

- Journalist: Also haben eigentlich Ihre Eltern, wie alle Eltern dieser Kinder, von denen Sie uns erzählen, ihre Kinder verkauft?

- VL: Genau, da es einen bestimmten Prozentsatz an Geld einbringt. **Ein Kind, das jünger als acht Jahre ist, ist 22 000 Franken wert.**

- J: Woher kommen diese Kinder?

- VL: **Die Kinder, die geopfert werden, sind nicht angemeldet oder sind ausländische Kinder.** Vor allem als ich in Agen war, waren es kleine Afrikaner, sie waren schwarz. In Jallais habe ich auch welche gesehen, in Nanterre auch, aber es waren kleine weiße **Kinder**, Franzosen, **aber es waren Kinder, die durch Vergewaltigungen geboren wurden** (...), **die nicht gemeldet wurden. Es handelt sich um Entbindungen, die bei den Eltern unter abscheulichen Bedingungen durchgeführt werden** (...).

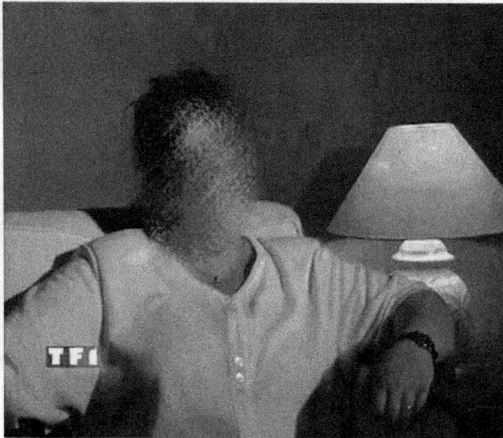

- J: Sie waren nicht nur Teil der Sekte, sondern haben auch an diesen Ritualen teilgenommen...

- VL: Ja. 1994 **musste ich mit zwei meiner Freundinnen ein Kind in Jallais mit vorgehaltener Waffe opfern.** Und wir mussten es alle drei ermorden... mit vorgehaltener Waffe, wenn wir es nicht getan hätten, wären wir... sie hätten es mit noch mehr Gewalt getan und sie hätten uns noch mehr wehgetan. Also waren wir gezwungen, es zu tun...

- J: Und wer hat Sie mit einer Waffe bedroht?

- VL: "piep" derjenige, der die Gendarmerie von "piep" leitet (...)

- J: Sie denken, dass das alles eine Art Netzwerk ist, Leute, die sich ein bisschen festhalten, um nicht zu fallen...

- VL: Ja, und es dient auch dem Selbstschutz, **denn da es sich um Gesetzeshüter handelt, würde es einen ziemlichen Wirbel geben, wenn bekannt würde, dass es Richter und so weiter gibt, die Teil dieses Netzwerks sind.**

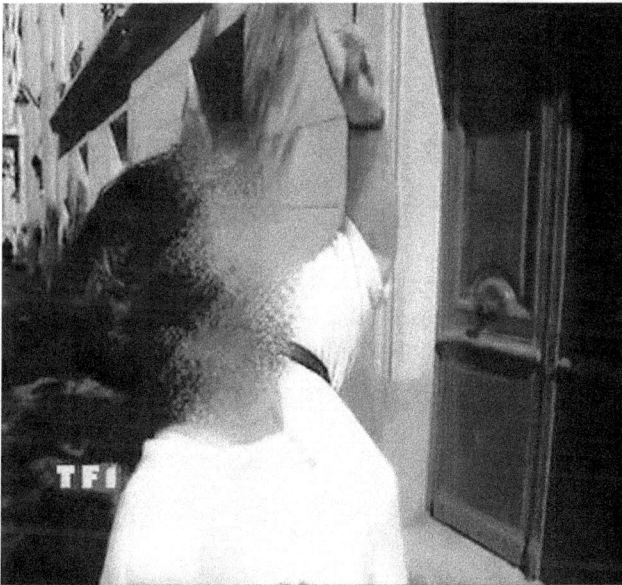

- Off-Stimme: **Veronique hat uns an einem der vielen Orte vorbeigeführt, an denen ihrer Meinung nach am 21. jedes Monats satanische Zeremonien stattfanden.**

- VL (am Fuß eines Gebäudes in der Innenstadt vor einer Kutschertür): Hier, das ist der Ort, an dem ich schon einige Male war. Ich erinnere mich vor allem an ein Mal im Jahr 1994, als **ich an einem satanischen Ritual mit einem Kindermord**

teilgenommen habe. Wir waren in den zweiten Stock gegangen. **Dort gab es Vergewaltigungen, wir waren vielleicht fünf oder sechs Kinder, es war keine sehr große Versammlung.** Es gab **"piep", "piep", es gab viele Leute, vor allem Honoratioren, deren Namen ich nicht unbedingt kenne.**

- J: Und Sie selbst erlitten...

- VL: **Ja, ich war da und ich habe es durchgemacht... Es war mein Vater da, meine Mutter war damals nicht da.**

Zum Abschluss dieses Kapitels über Zeugenaussagen folgt ein Auszug aus dem Dossier *"Das Protokoll der Ignoranten in schwarzen Roben"*, das der ehemalige Gendarm **Christian Maillaud** alias **Stan Maillaud** verfasst hat, der seit mehr als 15 Jahren an der Pädokriminalität von Netzwerken arbeitet. Der Mann befindet sich im Jahr 2020 in missbräuchlicher Inhaftierung durch ein Justizsystem, dem der Atem ausgeht...

Die Reproduktion von pädophilen Kriminellen, Generation für Generation

Es gibt ein von der "breiten Öffentlichkeit" ungeahntes Phänomen, das den eigentlichen Hintergrund für die Problematik bildet, mit der wir uns in diesem Dossier befassen. **Es handelt sich um den Prozess der "Einführung in die Pädophilie", den unzählige Kinder in Frankreich und der ganzen Welt durchlaufen. Wie Sie sehen werden, erklärt dieser Begriff allein schon die chronische *Fehlfunktion* unserer Justizinstitution.**

Im Rahmen von "speziellen Partys" wird das Kind eines "Prominenten" höchstwahrscheinlich einem formellen Prozess der "Einführung in die Pädophilie" unterzogen. Es gibt viele Berichte über Kinder, die von ihren eigenen Eltern dazu gebracht werden, auf diesen speziellen Partys "herumzulaufen", wo sie regelmäßig Gruppenvergewaltigungen und Folterungen ausgesetzt sind. In den meisten Fällen ist der Elternteil, der seinem eigenen Kind diese Gräuel antut, ein Mann, aber es gibt auch einige Fälle, in denen es sich um das Ehepaar oder nur um die Mutter handeln kann. Auch wenn es schwer vorstellbar ist, dass eine Frau Kinder sexuell missbraucht, heißt das nicht, dass es nicht vorkommt. Je nach Ausmaß und Dauer der Behandlung wird die Programmierung von Kindern durch Gewalt auch auf kleine Mädchen angewendet, die dann als Erwachsene ebenfalls zu Raubtieren werden (...).

Psychisch Kranke, die zu den "Elite"-Zirkeln gehören, werden daher aufgefordert, ihre eigenen Kinder zu den Sitzungen mitzubringen, in denen sie "vorbereitet" werden, damit sie zu den unterwürfigen Raubtieren werden, zu denen das Netzwerk sie machen will - zur großen Ehre ihrer Erzeuger. Je nach "Bedeutung", Loge und Rang der betreffenden "Honoratioren" können diese Kinder sogar in den Opfermord eingeführt werden, den ihre eigenen Erzeuger höchstwahrscheinlich selbst in ihrer Kindheit durchlaufen haben, um sie zu dem zu machen, was sie

heute sind. Um das Ausmaß des Problems in "unserer" Gesellschaft zu verstehen, ist es wichtig zu bedenken, dass ein Opfer, das nicht gerettet wird, in den meisten Fällen selbst zum Täter wird.

Das in den ersten Jahren erlittene Leid, sowohl physisch als auch psychologisch, kann nur dann langfristig ertragen werden, wenn der Betroffene sich schließlich an die ihm auferlegte Behandlung hält (auf sehr kurze Sicht kann die bloße Ausblendung der Realität ausreichen, ohne dass die Auswirkungen in Form von Persönlichkeitsstörungen harmlos sind).

Dieses nie behandelte Leid eines Kindes, das langfristig gequält und nie gerettet wurde, wird dann in seinem Unterbewusstsein vergraben, mit der Botschaft, dass es der einzige Weg war, die Ungeheuerlichkeit des Folterers zu überleben, wenn man sich auf sein Spiel einließ. Auf dieser Ebene wurde der Betroffene aufgefordert, von der Opferrolle in die Rolle des Täters zu wechseln.

In diesem Prozess findet sich auch ein wenig das Stockholm-Syndrom wieder, bei dem die Geisel aufgrund des Traumas, das sie zwischen Schrecken und Hilflosigkeit erlebt, auf die Seite des

Geiselnehmers wechselt und sich seiner Sache anschließt. Der Begriff der Ungerechtigkeit spielt im Unbewussten des "Subjekts" eine Rolle, als eine große Frustration, die nie bewusst wurde und daher auch nie verarbeitet wurde. Diese Vorstellung wurde nie bewusst, weil das "Subjekt" dazu verleitet wurde, sie in seinem Unterbewusstsein zu vergraben, indem es auch die Vorstellung von Ungerechtigkeit verbarg und den einzigen Ausweg darin sah, selbst zum Henker zu werden. Man darf nicht vergessen, dass das menschliche Gehirn, um das Unerträgliche zu ertragen, einen Prozess der Verneinung und Ausblendung des tatsächlich Erlebten aktiviert, der zur Persönlichkeitsspaltung führt. Es ist für erfahrene Peiniger, wie auch für die Opferbrecher der "klassischen" Zuhälterei, sehr leicht, die Schwelle des Erträglichen bei ihren Opfern zu erreichen, so dass diese auf natürliche Weise den psychologischen "Überlebensprozess" in Gang setzen, der sie zu Sklaven macht, die zu keinerlei Rebellion fähig sind.

Aber das Leid bleibt präsent, tief vergraben im Unterbewusstsein eines jeden gebrochenen Opfers. Dieses Leid und diese Gefühle werden sie ihr ganzes Leben lang in aufdringlicher Weise parasitieren. Um dieses Leid und die unbewussten Frustrationen aufzufangen, wird das "Subjekt" im Laufe der Jahre von seinen Peinigern dazu gebracht und ermutigt worden sein, natürliche Mechanismen der Übertragung auf andere verletzliche Personen zu entwickeln. Das ursprüngliche "Subjekt", das erwachsen geworden ist, verarbeitet also mangels einer tiefgreifenden Therapie sein eigenes Leiden weiterhin durch sexuelle Aggression, die es meist an seinen eigenen Kindern wiederholt.

Denn wenn das ehemalige Opfer selbst als Kind von seinen eigenen Eltern missbraucht wurde, ermöglicht ihm sein eigener Nachwuchs genau diese Übertragung, diese Form der "Austreibung" des erlebten Leidens. Diese psychischen Prozesse sind seit Ewigkeiten von denjenigen, die die Menschheit kontrollieren wollen, umfassend erforscht und entschlüsselt worden. Gleichzeitig verbreiten Gehirnwäsche und mentale Manipulation, die auf bestimmten Ebenen in den Treffen von Geheimgesellschaften wie den Freimaurern angewandt werden, den Glauben, dass diese Art von "Sexualmagie", die sogar auf die eigenen Kinder angewandt wird, es dem Eingeweihten ermöglicht, sein Herrschaftspotenzial zu steigern und gleichzeitig die zukünftigen Generationen - seine Nachkommen - darauf vorzubereiten, diesem Weg der "Auserwählten" zu folgen.

Diese unglückliche Nachkommenschaft wird so zur Elite von morgen programmiert, psychologisch perfekt gestört, ein echter "Dr. Jekyll und Mr. Hyde".

Dies ermöglicht es den betroffenen Honoratioren, den pädophilen Kriminellen der Pseudoelite und ihren Einflussnetzwerken, die manipulierte Öffentlichkeit in dem Glauben zu bestärken, dass es in Wirklichkeit "pädophiles" Netzwerk nur einzelne Kriminelle gibt, monströse Exemplare aus dem "niederen Volk". Wenn das Problem jedoch vermieden werden kann - oder es sich in Wirklichkeit nicht um eine von der politisch-juristischen Hochstapelei organisierte PR-Kampagne handelt -, wird der betreffende Kriminelle gerne von dem geschützt, was der bewaffnete Arm des Netzwerks zu sein scheint; dem Justizapparat!

Es gibt ein weiteres, heute weit verbreitetes Muster; der Kriminelle, mit dem Sie als beschützender Verwandter vielleicht zu tun haben, gehört einflussreichen Kreisen wie den Rosenkreuzern oder den Freimaurern an, von denen er seine Straffreiheit bezieht. Hinter solchen Geheimgesellschaften steht ein ganzes Verfahren der Kooptation und der rituellen Initiation, das allmählich und formal in den Satanismus abdriftet. Grad für die Freimaurerei werden die Rituale immer abscheulicher, bis hin zum Kinderopferritual.

Die große Mehrheit der Personen, die in diese Geheimgesellschaften aufgenommen werden, zweifelt natürlich nicht auf den ersten Blick daran, dass es sich um organisiertes Verbrechen oder Satanismus handeln könnte. Es wird als das genaue Gegenteil dargestellt, und auf dem Höhepunkt des Machiavellismus wird von Philanthropie und Wohltätigkeit gesprochen. Erst wenn ein Freimaurer im Laufe der Zeit die Karriereleiter hinaufsteigt, wird er erkennen, was er wirklich ist. Bis dahin wird er tief kompromittiert sein und die vergifteten Früchte der Ausschweifung und der Macht gekostet haben, des ungestraften

Verbrechens, des exklusiven Gefühls, über dem Gesetz und den "ungebildeten und dummen Massen" zu stehen (...) Bevor es so weit kommt, werden die Mitglieder heimtückisch auf sexuelle Praktiken in Gruppen gelenkt, die Orgien, die so "trendy" sind und offen von dem politischen Schwindel befürwortet werden, der uns von "Liberalismus" erzählt. Die Orgie ist somit zur bevorzugten Unterhaltung der "Notabeln" geworden. Über den "fröhlichen Abend" hinaus gleiten die betroffenen Subjekte unmerklich in die sexuelle Magie ab, die im Satanismus sehr beliebt ist.

Für diejenigen, die naiv davon ausgingen, dass sie sich nur unter Freunden der "Oberschicht" amüsieren würden, ändert sich an einem bestimmten Punkt alles. Für die Eingeweihten, die bereits gut informiert sind, wird in diesen fröhlichen Abenden der Ausdruck ihrer Macht umso mehr hervorgehoben, als unschuldige vorpubertäre Opfer die Auswirkungen ihrer Triebe erleiden, mit der vollkommenen Straffreiheit, die ihnen ihr Status vorbehält... Die Vergewaltigung eines reinen und unschuldigen Wesens mit seinem Opfer stellt die Konstante im Bereich des Ausdrucks der Herrschaft über andere dar, sowie eine wesentliche Stütze im Bereich des satanischen Rituals. Je abscheulicher das Verbrechen, desto mehr verleiht die damit verbundene Straflosigkeit dem Täter ein Gefühl höchster Macht, und wenn nötig, unterdrückt ein wenig Kokain jede Fähigkeit, sich zusammenzureißen.

Wenn sich in solchen privaten Kreisen alle an den Haaren herbeiziehen, entwickelt sich bei denjenigen, die schwer kompromittiert sind, schnell eine Vorliebe für ungesunde Macht über andere und für Ausschweifungen. Diese entscheiden sich dafür, nur noch die "guten Seiten" der Situation zu sehen und stürzen sich mit Leib und Seele in den Abgrund, in den sie im Laufe der Graduierungen und Initiationsrituale gestürzt werden. Die betroffenen Pseudo-Eliten können je nach Loge und Rang private Partys genießen, auf denen Kinder kollektiv vergewaltigt werden und einige von ihnen sogar gefoltert werden, was bis hin zur Opfertötung gehen kann (...) **Unsere laufenden Ermittlungen zu dieser Erweiterung des Themas versuchen** derzeit zu beweisen, dass diese Praktiken wie der Satanismus in ganz Belgien verbreitet sind, und zwar in den sogenannten Machtzirkeln...

Das Emblem des Schottischen Ritus stellt dieses Konzept der Dualität, der gespaltenen Persönlichkeit, durch die Darstellung eines doppelköpfigen Adlers perfekt dar...

L'aigle a deux têtes, emblème du Rite Écossais Ancien et Accepté, figure sur cette bannière de l'orient de Valenciennes.

Genau wie Janus, der alte römische Gott mit den zwei Gesichtern, der den Freimaurern am Herzen liegt...

Die Söhne der Witwe und die Schizophrenie

Die Psychiatrie und insbesondere die Schizophrenie scheinen die *Söhne der Witwe* sehr zu interessieren...

1934 schloss sich der Schottische Ritus der Freimaurerei in den USA der Rockefeller-Stiftung bei der Finanzierung der genetischen Psychiatrie an und eröffnete ein Forschungsprogramm für Schizophrenie. Seit der Gründung dieser "wohltätigen" Stiftung, dem *Scottish Rite Schizophrenia Research Program (SRSRP)*, ist die Finanzierung dank der Beiträge der Mitglieder der Freimaurer-Bruderschaft stetig gewachsen. Seit 1934 wurden über 6 Millionen Dollar für dieses Programm zur Erforschung der Schizophrenie bereitgestellt. Das offizielle Ziel des Programms ist es, das Verständnis der Natur und der Ursachen der Schizophrenie zu verbessern... Das SRSRP wurde damals im St. Elizabeth Hospital in Washington DC unter der Leitung von Dr. Winfred Overholser, einem Freimaurer, der ein führendes Mitglied der American Psychiatric Association war und mit den Bewusstseinsmanipulationsexperimenten der US-Armee in Verbindung gebracht wurde, eingerichtet. Das St. Elizabeth Hospital war bekannt dafür, dass es später Experimente zur Bewusstseinskontrolle der CIA (MK-Ultra) beherbergte.

Die Spenden der Freimaurerei für die Erforschung dieser psychischen Störungen wurden eher für klar definierte Projekte (Ausrichtung) vergeben als für eine umfassende Unterstützung der Forschung. Eines dieser Projekte war die Finanzierung des eugenischen Psychiaters Franz J. Kallmann, der eine Studie mit 1000 Schizophreniefällen durchführte, um den erblichen Faktor dieser Störung herauszustellen. Kallmanns Studie wurde 1938 gleichzeitig in den USA und in Nazi-Deutschland veröffentlicht. Auch heute noch veröffentlichen einige Spezialisten wie Dr.

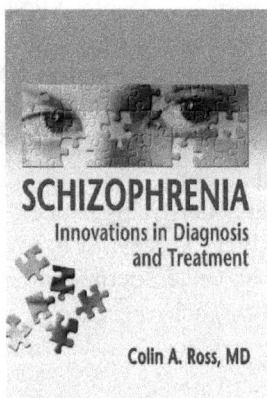

SCHIZOPHRENIA
Innovations in Diagnosis and Treatment

Colin A. Ross, MD

Kenneth Kendler (der ebenfalls finanzielle Unterstützung vom Schottischen Ritus/SRSRP erhalten hat) Studien, in denen sie behaupten, Schizophrenie sei genetisch bedingt, und räumen damit die Frage nach dissoziativen Störungen und traumatischen Ursprüngen aus dem Weg.

Dr. Colin Ross widerlegt den ausschließlich genetischen Ursprung und prangert die Unehrlichkeit dieser sogenannten "wissenschaftlichen" Studien an. Als Spezialist für dissoziative Störungen behauptet Colin Ross, dass viele Patienten mit "Schizophrenie" Symptome aufweisen, die eng mit der dissoziativen Identitätsstörung verbunden sind. Patienten, die außerdem eine Vorgeschichte von psychischen Traumata haben. Die Behauptung, dass Schizophrenie hauptsächlich genetisch bedingt ist, ermöglicht es, alle umweltbedingten Ursachen, insbesondere schwere Traumata in der frühen Kindheit, auszuschließen...

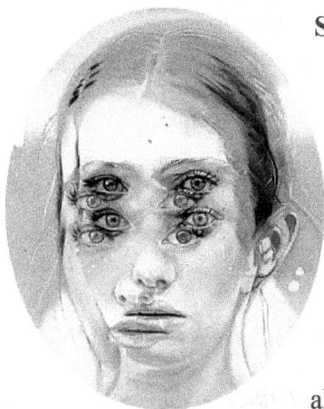

Schizophrenie ist heute eine Art Schublade, die die Realität der dissoziativen Identitätsstörung verschleiert. Die folgenden Symptome werden sehr häufig fälschlicherweise als *Schizophrenie* diagnostiziert: dissoziative Amnesien, Depersonalisation, Vorhandensein mehrerer unterschiedlicher Persönlichkeiten/Identitäten, akustische Halluzinationen usw...

In Bezug auf "akustische Halluzinationen" oder "Stimmen im Kopf" - ein Symptom, das systematisch als "Schizophrenie" eingestuft wird - kann es sich um eine Persönlichkeitsspaltung (T.D.I.) und den internen Dialog mit den Alter-Persönlichkeiten handeln. In der Ausgabe des DSM von 1994 wurden Symptome von Stimmen, die miteinander in Dialog treten oder das Verhalten der Person systematisch kommentieren, als "schizophren" bezeichnet. Der Arzt konnte also allein aufgrund dieses Symptoms schnell die Diagnose "Schizophrenie" stellen... Viele Psychotherapeuten, die mit Patienten mit ADS arbeiten, haben festgestellt, dass das Phänomen der "Stimmen im Kopf" etwas ist, was bei diesen Menschen mit einer schweren traumatischen Vergangenheit häufig vorkommt. Immer mehr

Studien scheinen die Verbindung zwischen Dissoziation und diesen "auditiven Halluzinationen" herzustellen. Einige Studien haben sich ausschließlich diesem Thema gewidmet, darunter die von Charlotte Connor und Max Birchwood mit dem Titel: "*Abuse and dysfunctional affiliations in childhood: An exploration of their impact on the voice-hearer's appraisals of power and expressed emotion*", oder die von Vasiliki Fenekou und Eugenie Georgaca mit dem Titel: "*Exploring the experience of hearing voices: A qualitative study*".

Um den Zusammenhang zwischen "*Stimmen im Kopf*", ADI und Traumata zu verdeutlichen, greifen wir auf die Aussage der mehrfach vorbestraften Regina Louf (Dutroux-Fall) zurück: "*Das war schon immer so gewesen. In Knokke, bei meiner Großmutter, hatten **die Erwachsenen bemerkt, dass ich mit den Stimmen in meinem Kopf sprach, dass ich schnell meine Stimmung änderte oder sogar anfing, mit einer anderen Stimme oder einem anderen Akzent zu sprechen.** Obwohl ich erst fünf oder sechs Jahre alt war, verstand ich, dass so etwas seltsam war und nicht erlaubt war. **Ich lernte, meine Stimmen, meine anderen "Ichs" zu verstecken.** Nach dem, was mit Clo passiert war, wurden die Stimmen und das seltsame Gefühl, dass ich manchmal von den inneren Stimmen geführt wurde, immer stärker. Nach der Initiation konnte ich den Stimmen nicht mehr widerstehen. **Ich war froh, wenn ich im Nichts verschwand** und erst wieder zu Bewusstsein kam, wenn Tony da war. Der Schmerz schien erträglicher zu sein*".

Auf phänomenologischer Ebene gibt es eine starke Überschneidung zwischen den Symptomen der dissoziativen Störungen (insbesondere der D.I.T.) und der Schizophrenie. **Eine Studie hat gezeigt, dass in einer Gruppe von Patienten, die von einem Psychiater oder Psychologen mit Schizophrenie diagnostiziert wurden und mit denen man ein standardisiertes Interview in Bezug auf dissoziative Symptome durchführte, 35-40% dieser Patienten, von denen man annahm, dass sie Schizophrenie haben, mit der Diagnose einer dissoziativen Identitätsstörung entlassen wurden. Umgekehrt werden in einer Gruppe von Patienten, bei denen eine DID diagnostiziert wurde und die ein Interview zu schizophrenen Symptomen führen, zwei Drittel mit der Diagnose Schizophrenie entlassen.**

Eine Gruppe von 236 Patienten mit D.I.D. zeigte, dass 40,8% von ihnen zuvor eine Schizophreniediagnose erhalten hatten ("*Multiple personality disorder patients with a prior diagnosis of schizophrenia*" - Colin Ross, G. Ron Norton, Journal "Dissociation", Vol.1 N°2, 06/1988).

In einer Studie mit dem Titel "*Dissociation and Schizophrenia*", die 2004 in der Zeitschrift "*Trauma and Dissociation*" erschien, bewerteten Dr. Colin Ross und Dr. Benjamin Keyes die dissoziativen Symptome in einer Gruppe von 60 Personen, die wegen Schizophrenie behandelt wurden. Sie fanden heraus, dass 36 Personen starke dissoziative Merkmale aufwiesen, was 60 % ihrer Stichprobe entsprach. Diese dissoziativen Symptome gingen mit einer hohen Rate an Kindheitstraumata sowie bedeutenden Störungen wie Depression, *Borderline-Persönlichkeitsstörung* (*BPS*) oder ADS einher.

Sowohl bei ADS als auch bei Schizophrenie ist Dissoziation etwas, das zugrunde liegt, ebenso wie der traumatische Ursprung dieser Persönlichkeitsstörungen.

Trotz der Studien, die eindeutig den Zusammenhang zwischen psychotischen Störungen, dissoziativen Störungen und Traumata belegen, ist ein starker Rückgang der Verwendung der Diagnose "dissoziative Störungen" zu verzeichnen. **Dieser Rückgang lässt sich unter anderem durch die Einführung des Begriffs "Schizophrenie" zur Beschreibung von Patienten, die diese Art von Symptomen zeigen, erklären.** Zwischen 1911 und 1927 sank die Zahl der gemeldeten Fälle von multipler Persönlichkeit, die heute als dissoziative Identitätsstörung bezeichnet wird, um fast die Hälfte, nachdem der Schweizer Psychiater Eugen Bleuler den Begriff "*Dementia Preacox*" durch "*Schizophrenie*" ersetzt hatte.

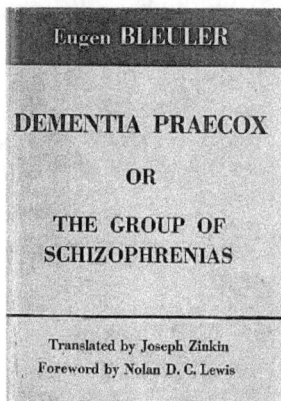

Dr. Rosenbaum erklärt dies ausführlich in seinem Artikel "*The role of the term schizophrenia in the decline of diagnoses of*

multiple personality" (**Die Rolle des Begriffs "Schizophrenie" im Rückgang der Diagnose "multiple Persönlichkeit"**).

Fritz Springmeier behauptet, dass Zehntausende von Menschen, die wegen *"Schizophrenie"* in die Psychiatrie eingeliefert werden, mehrfach programmiert sind: **Opfer, die aufgrund von traumabasierten Protokollen zur Gedankenkontrolle ein D.I.T. entwickelt haben. Diese Personen (die *zerbrochenen Schmetterlinge*) als *"paranoide Schizophrene"* zu bezeichnen, ist für ihre Glaubwürdigkeit ein absolutes No-Go. Das würde es ermöglichen, sie unauffällig loszuwerden, indem man sie in den Elektroschocks und der Chemie der psychiatrischen Institute vergräbt.**

In Fällen von Pädokriminalität in Netzwerken, in denen die Opfer durch extreme Traumata stark dissoziiert sind, stellen wir fest, dass ihre Aussagen häufig aufgrund ihrer psychischen Gesundheit diskreditiert werden... Dies ist ein entscheidender Punkt, auf den sich die Täter stützen, um unbequeme Zeugenaussagen auszuschließen: Die Opfer sind offensichtlich durch wiederholte Traumata dissoziiert und es wird daher dieser "schlechte" psychische Zustand hervorgehoben, um ihre Aussagen zunichte zu machen.... Es handelt sich hierbei um eine ungesunde Umkehrung, die darin besteht, das Phänomen von Ursache und Wirkung zu ignorieren: **Ein Zeuge, der an schweren dissoziativen Störungen leidet, hat zwangsläufig Traumata erlebt...**

Hier kommt die Informationskontrolle ins Spiel, d.h. dafür zu sorgen, dass so wenig wie möglich von der Forschung über dissoziative Störungen in die Öffentlichkeit gelangt. Es wurde alles getan, um dissoziative Störungen nicht mit Traumata in Verbindung zu bringen, außer einfach die Realität des Phänomens Dissoziation und seine psychologischen Folgen zu ignorieren ... um es durch einen angstbesetzten Sammelbegriff zu ersetzen:

SCHIZOPHRENIE.

Seit über 80 Jahren investieren die Freimaurer Millionen in die Erforschung der *"Dementia Preacox"*, auch *"Schizophrenie"* genannt, die, wie wir gerade gesehen haben, sehr oft durch schwere dissoziative Störungen infolge von Traumata verursacht wird - Mit welchen therapeutischen Ergebnissen? - Patienten, bei denen heutzutage "Schizophrenie" diagnostiziert wird, werden zum Vorteil der Pharmaunternehmen mit einer schweren chemischen Medikation belegt.

Eine der negativen Folgen dieser Fehldiagnosen ist, dass die Behandlung einer "Schizophrenie" hauptsächlich auf einer schweren, süchtig machenden und sogar gefährlichen Medikation beruht... Während bei der Therapie von D.I.T. die Behandlung mit Medikamenten eine Nebensache ist; die Chemie kann zur Behandlung von Komorbidität eingesetzt werden, ist aber nicht therapeutisch im eigentlichen Sinne. **Die psychiatrische Institution scheint wenig Bereitschaft zu haben, Opfern und Überlebenden von Traumata wirklich zu helfen, indem sie das Thema Psychotraumatologie und dissoziative Phänomene vernachlässigt oder völlig ignoriert.**

Die Entscheidungsmacht der hohen Freimaurerlogen schert sich nicht um das Wohlergehen der "Schizophrenen"... Wenn man hingegen weiß, dass die "Schizophrenie" in vielerlei Hinsicht mit der multiplen Persönlichkeitsstörung oder der dissoziativen Identitätsstörung oder sogar mit dämonischer Besessenheit zusammenhängt, von der die meisten Überlebenden von rituellem Missbrauch und Bewusstseinskontrolle betroffen sind, beginnt man zu verstehen, welches Interesse die Freimaurerlobby daran hat, in diesen Bereich zu investieren, um die Forschung in diesem Bereich zu kontrollieren und zu lenken ... insbesondere jene, die die Diagnose T. D. verdrängen.D.I. zugunsten einer "Allzweckschizophrenie" sowie jeglichen traumatischen Ursprungs zugunsten eines ausschließlich genetischen

Ursprungs. **Außerdem wird die Aussage eines durch traumatische Rituale dissoziierten Opfers, das später fälschlicherweise als "schizophren" diagnostiziert wird, als** *psychotisches Delirium* **abgetan und zunichte gemacht (was für die Angreifer eine große Chance darstellt).**

Kathleen Sullivan, eine Überlebende rituellen Missbrauchs, die eine dissoziative Identitätsstörung entwickelt hat, schreibt in ihrer Autobiografie: *"Ich empfand Verzweiflung, als ich mich daran erinnerte, was Großvater immer zu mir sagte, bevor er mich in diesem Raum allein ließ: dass mir niemand glauben würde, wenn ich redete, weil der behandelnde Arzt in meine Akte eingetragen hatte, dass ich schizophren sei. Großvater erinnerte mich sehr oft daran, dass "niemand den Schizophrenen glaubt, jeder weiß, dass sie verrückt sind"."*
(*Unshackled: a survivor's story of mind control* - Kathleen Sullivan, 2003)

Es gibt also einen Kommunikationskrieg oder besser gesagt einen *"Krieg um die Erinnerung"* in Bezug auf die wissenschaftlichen Untersuchungen, die Aufschluss darüber geben, wie das Gehirn bei Traumata funktioniert. **Dadurch wird verhindert, dass diese Studien weit verbreitet und an den medizinischen Fakultäten gelehrt werden, was wiederum** dazu führen kann, dass sie vor Gericht schwer wiegen , wenn es um die Verteidigung der - abgetrennten - Opfer dieser pädokriminellen Netzwerke geht...

Die Büchse der Pandora, die den rituellen Missbrauch und die traumabasierte Bewusstseinskontrolle, d. h. den neurologischen Prozess der Dissoziation und der traumatischen Amnesie, bedeckt, ist wie eine Bleimatte. An medizinischen Fakultäten die wissenschaftliche Funktionsweise von Dissoziation, Amnesiemauern und Persönlichkeitsspaltung zu lehren, würde bedeuten, ein Wissen aus dem tiefsten Okkultismus öffentlich und akademisch zu enthüllen (ein Wissen, das den hohen Eingeweihten der Geheimgesellschaften vorbehalten ist). Ein Wissen, das jedoch uralt ist und heutzutage von bestimmten Machtgruppen systematisch und böswillig genutzt wird. Der

Funktionsprozess von Sklaven, die mental programmiert werden, soll nicht in die öffentliche und profane Sphäre gelangen...

Die meisten Studenten der Psychologie und Psychiatrie glauben nicht, dass eine solche Gedankenkontrolle möglich ist. Dies aus dem Grund, weil sie keine Ahnung von dem grundlegenden Konzept haben, das hinter der traumabasierten Bewusstseinskontrolle steht, nämlich D.I.T., eine multiple Persönlichkeitsstörung mit Amnesie, die unerlässlich ist, damit ein Mensch wie ein Roboter in verdeckten Operationen arbeiten kann - oder auch nicht.

"Bisher haben weder die American Psychiatric Association noch die American Psychological Association ein Modell für die Entwicklung eines wirksamen Therapieprotokolls für dissoziative Störungen (die als Folge wiederholter Traumata angesehen werden) veröffentlicht. Eine Reihe von Faktoren erschwert die Entwicklung eines solchen Modells. Der erste dieser Faktoren betrifft die Geheimhaltung, die die Nationale Sicherheit bei der als geheim eingestuften Forschung zur Gedankenkontrolle anwendet. Im gegenwärtigen Klima wäre die Überweisung von Gedankenkontrollopfern zur Behandlung an Psychiatrieexperten so, als würde man einen Patienten, der eine Notoperation benötigt, einem Chirurgen anvertrauen, dem die Augen verbunden und Handschellen angelegt wurden (...) Was es uns vielleicht ermöglichen würde, die Grundlage für eine Erklärung zu schaffen, wäre die Identifizierung von "Wer? "Wenn Sie den nächsten Schritt tun und sich ein Exemplar des *Oxford's Companion To The Mind* (*Oxford* Press, 1987) des Fakultätsprofessors besorgen, können Sie darin praktisch alles über die Erforschung des

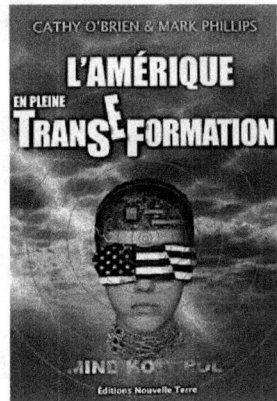

Geistes finden, ohne einen einzigen Hinweis auf Gedankenkontrolle. Vielleicht haben Sie jetzt die Muße, durch die Auslassungen von Random House, Webster und anderen Oxford Press zu erkennen, dass Sie ein Opfer der Informationskontrolle sind."

("*Amerika in Trance-Formation*" - Cathy O'Brien & Mark Phillips - New Earth Publishing, 2013, S.62-19)

Schlussfolgerung

Das vorliegende Dossier "Freimaurerei & Schizophrenie" wirft einige legitime und beunruhigende Fragen auf. Zunächst einmal zu den weit zurückreichenden Ursprüngen der Freimaurerei, die laut einigen Schriften hoher FM-Grade auf die antiken Mysterienreligionen zurückgehen sollen. Wie wir gesehen haben, beinhalteten die heidnischen Praktiken einiger dieser Mysterienreligionen traumatische Initiationsrituale, aber auch einen gewissen Fruchtbarkeitskult, der zu orgiastischen Praktiken, Blutopfern und der Bluttaufe im Mithras-Kult führte, der in vielerlei Hinsicht der modernen Freimaurerei ähnelt. Dies ist ein Ausgangspunkt, um damit zu beginnen, bestimmte Berichte von Opfern und Überlebenden rituellen Missbrauchs zu verstehen, da diese Berichte auf den ersten Blick phantasievoll und erfunden erscheinen mögen.

Alle diese mutmaßlichen Opfer beschreiben, dass sie denselben traumatischen rituellen Praktiken unterzogen wurden, die darauf abzielten, dissoziative Zustände zum Zweck der mentalen Kontrolle zu erreichen...

Wir stellen fest, dass die Freimaurerei ein gemeinsamer Faktor in vielen dieser Zeugenaussagen ist... Welchen Nutzen hätten diese Überlebenden, die über die ganze Welt verstreut sind, davon, wenn sie angeben würden, dass ihre Angreifer Freimaurer waren? Wie kommt es, dass dieselben Foltermethoden und mentalen Programmierungen von Opfern beschrieben werden, die sich zuvor nie begegnet sind? Wie kann man so etwas erfinden?

Wir stellen fest, dass die Amerikanerin Jeanette Westbrook - Tochter eines hochrangigen Freimaurerbeamten - genau das gleiche Bewusstseinskontrollprotokoll beschreibt wie die Zeugin X1 im Fall Dutroux, Regina Louf: **d. h. die Kultivierung und**

Aufrechterhaltung der dissoziativen Identitätsstörung (und ihrer Amnesiewände), die aus Inzest und Folter resultiert; dies zum Zweck der Bewusstseinskontrolle und der sexuellen Ausbeutung. Dies beschreibt auch die amerikanische Überlebende Cathy O'Brien, Autorin des Buches "*Amerika in Trance-Formation*", die aufgrund ihrer durch väterlichen Inzest verursachten dissoziativen Identitätsstörung in den höchsten politischen Kreisen sexuell versklavt wurde.

Wir stellen fest, dass Samir Aouchiches Aussage über eine pädosatanische Zeremonie der krypto-freimaurerischen Golden Dawn in Bezug auf die "philosophischen" Beweggründe dieser pädokriminellen Sekten völlig mit der Aussage des Richters Pierre Roche übereinstimmt:

Aouchiche berichtet uns von den Worten des Zeremonienmeisters: "*Durch unsere Sexualität, die endlich vom Joch der jüdisch-christlichen Unterdrücker befreit ist, reinigen wir uns (...) Der Sex und alle Freuden unserer Sinne sind das einzige Gesetz, das es zu erfüllen gilt.*"

Dies entspricht genau dem, was Charles-Louis Roche über den **Geheimbund** berichtet, dem sein Vater angehörte: "*In dieser Gruppe wird ihnen erzählt, dass alle Regeln, die man ihnen von Anfang an in den Kopf gesetzt hat, sei es in der Schule, in der Gesellschaft usw., Einschränkungen ihrer Freiheit sind, die sie daran hindern, die Quintessenz des menschlichen Geschlechts zu erreichen, und dass man daher alle Regeln ablehnen muss, angefangen bei den Gesetzen, der Moral und dem Anstand. Es besteht die Notwendigkeit, diese Regeln zu brechen, alle Tabus zu verletzen, manchmal buchstäblich, um eine Art Riegel vorzuschieben, den man seit der Kindheit in den Kopf gesetzt hat. So beginnt man mit Vergewaltigung, Folter, um schließlich zum Mord zu gelangen ...*".

Wie wir gesehen haben, arbeiten diese Geheimgesellschaften mit einem System der Dualität oder Pluralität, das dazu dient, ihr innerstes Wesen zu verbergen... Einerseits vor allen Laien, aber auch und vor allem, um den verführten und frisch eingeweihten

Seelen - in *brüderlicher Fröhlichkeit* - ihre höchst unmoralischen oder sogar kriminellen Praktiken zu verschleiern. Der Adept muss also nach und nach wie eine *Knetmasse* geformt und umgestaltet werden. **Es handelt sich um ein "*geistiges Beizen*", das darauf abzielt, alle seine moralischen Barrieren eine nach der anderen zu durchbrechen.** Diese schrittweise "*Entschlackung*" ist notwendig, um die *Tabus* zu sprengen, die das Streben *nach Erkenntnis und spirituellem Erwachen* behindern. Im Laufe des Initiationsprozesses wird dem Adepten nach und nach sein wahrer moralischer Kompass abgeschnitten. **So entsteht ein absoluter Relativismus, der schließlich jegliche Vorstellung von Gut und Böse aufhebt**, und es werden subtile Schleier und zahlreiche doktrinäre und intellektuelle Mystifikationen verwendet, um das "Allerheiligste" vor denjenigen zu verbergen, die noch nicht in der Lage sind, die *endgültige Botschaft* dieser "Offenbarung" zu verinnerlichen. Dieser krankhafte (oder kontrainitiative) Prozess wird stark vereinfacht, wenn die Person bereits der "Familie" angehört und seit ihrer frühesten Kindheit extremen traumatischen Protokollen unterworfen wurde, die einerseits darauf abzielen, die für die mentale Programmierung notwendigen dissoziativen Zustände zu entwickeln, und andererseits jegliches Mitgefühl zu unterdrücken, das ihren gesellschaftlichen Aufstieg behindern könnte. In den höchsten Kreisen der Geheimgesellschaften ist die Aufspaltung der Persönlichkeit von Kindern durch traumatische *Initiationsrituale* etwas, das systematisch betrieben wird. Ob Mafia, religiöse, politische oder militärische Gruppen (die alle unter dem Dach der Initiationsbruderschaften stehen), allgemein und international, sie alle wissen, dass die Dissoziation, die Fragmentierung der Persönlichkeit, der Schlüssel zu Geheimhaltung und Macht ist; aber auch ein Schlüssel, um bestimmte hyperkreative Individuen mit sehr hohen Intelligenzquotienten zu erhalten.

Es ist ein Höllenzug für diese Personen, die in ihrer frühen Kindheit *durch die Psychomühle* gedreht wurden, denn wenn sie sich nicht aus diesen Einflusssphären befreien, werden sie diese Muster bei ihren eigenen Nachkommen, die der Loge unterworfen sind, reproduzieren. Dies ist ein Teufelskreis für

Familien, die in Okkultismus und dissoziative Zustände verstrickt sind. Deshalb ist es zwingend notwendig, diese Praktiken dem Licht der *weltlichen Welt* auszusetzen, um das Übel an der Wurzel zu packen und seine Entwicklung zu unterbinden.

Diese destruktive Philosophie, die darin besteht, **"Erlösung durch Sünde"** oder **"Heiligkeit durch das Böse"** zu erlangen, zielt **auf eine systematische Umkehrung der moralischen Werte ab, oder das Böse wird zum Guten und das Gute zum Bösen.** In seinem Buch *"Der militante Messias"* definiert Arthur Mandel diesen Begriff der "Erlösung durch Sünde" folgendermaßen: *"Es ist nichts anderes als die alte paulinisch-gnostische Idee der felix culpa, der heiligen Sünde auf dem Weg zu Gott über die Sünde, der perverse Wunsch, das Böse mit dem Bösen zu bekämpfen, die Sünde durch Sünde loszuwerden."*

Diese obskure Doktrin verbreitet sich größtenteils durch die Infiltration und Subversion von Religionen, aber auch von Institutionen, die hinter den Kulissen der Regierungen arbeiten und hinter den demokratischen Fassaden tätig sind.

Der australische Kriminologe Michael Salter, Autor des Buches *"Organised Sexual* Abuse", berichtet über diese Vorstellungen von systematischer Infiltration und Umkehrung folgendermaßen: *"Überlebende haben beschrieben, wie diese Familien und Gruppen, die rituellen Missbrauch betreiben, sich mit religiösen Institutionen oder Bruderschaftsorganisationen überschneiden (...) In ihren Praktiken des rituellen Missbrauchs scheinen diese Leute die traditionellen Rituale der großen Organisationen, die sie infiltriert haben, zu übernehmen und umzukehren. Überlebende beschreiben, dass sie als Kinder in "zwei Welten" lebten: auf der einen Seite wohlwollende religiöse und brüderliche Institutionen und Ideologien, die auf der anderen Seite mit abartigen und sadistischen Ritualen verstrickt waren."* ("The Role of Ritual in the Organised Abuse of Children", 2012 - Michael Salter)

In Sachen Infiltration und Doppelspiel sind der **Frankismus** und der **Sabbataismus** zu nennen, eine satanische Entartung des Judentums und der Kabbala, die von den selbsternannten "Messias" Sabbatai Tsevi (17. Jahrhundert) und Jacob Frank (18. Jahrhundert) begründet wurde. Der *Sabbatao-Frankismus* kann als enger Vorfahre der bayerischen Aufklärer u.a. angesehen werden... Es gibt keinen Frankisten- oder Sabbatistenkult im eigentlichen Sinne, da es sich um eine heimliche Doktrin und Philosophie handelt, die sich durch Infiltration und Subversion ausbreitet.

In seinem Buch *"Jacob Frank, der falsche Messias"* schreibt Charles Novak über den Frankismus: *"Während also das Judentum Jungfräulichkeit, Treue und Liebe predigt, predigen Sabbatai und seine Nachfolger wie Jacob Frank für junge Mädchen Sex von frühester Jugend an, für junge Jungen Sexorgien und Frauentausch am Sabbat. Das geht so weit, dass einige Frank-Kinder ihren wahren biologischen Vater nicht kennen. Jacob und seine Anhänger werden im Januar 1756 in der Stadt Landskron bei einem orgiastischen Shabbat ertappt und auf Antrag der Rabbiner wegen Orgien aus der Stadt verwiesen. Eine Frau stand nackt in der Mitte, während die männlichen Anhänger das schabbatische jüdische Gebet sangen (...) Dann stürzten sie sich auf sie und verwandelten das Ritual in eine kollektive Orgie. Die frankistischen Sexrituale bestanden in der Folge aus Liedern, ekstatischen Tänzen, die Männer und Frauen vermischten (...) Männer und Frauen entkleideten sich und die kollektive Orgie begann, wobei die Nacktheit an Adam und Eva vor dem Sündenfall erinnern sollte (...) Die Frankisten waren für ihre manchmal gewalttätigen kollektiven Sexualorgien bekannt. Durch diese nihilistischen Verhaltensweisen, bei denen der 9. Av zu einem Freudenfest wurde, tauschte man die Frauen aus, wo man jedes Dogma zerstören wollte...*

Wir finden hier die heiligen Orgien wieder, die in den antiken sogenannten "Mysterienreligionen" praktiziert wurden, wie zum Beispiel der Kult des Dionysos/Bacchus, dieser Phalluskult, der mit der Fruchtbarkeit verbunden ist, ebenso wie der Shivaikult in

Indien oder der Kult des Osiris im alten Ägypten mit seinen Obelisken, die den Phallus symbolisieren.

Es ist legitim zu denken, dass solche Gräuel, die in so großem Maßstab praktiziert werden, nicht vor Journalisten, polizeilichen Ermittlungen und Gerichten sicher sein können... Man muss verstehen, dass die Richterschaft und die Ordnungskräfte in hierarchischen Schichten organisiert sind, hier kommen die freimaurerischen *Einmischungen* ins Spiel, wenn es darum geht, Licht in diese oder jene Akte zu bringen, insbesondere bei Fällen von pädokriminellen Netzwerken. Auf bestimmten Ebenen der Hierarchie ist der institutionelle Schutz automatisch und maximal, solange diese Schachfiguren dem Diktat ihrer eigenen Laster (gehalten durch kompromittierende Akten) unterworfen sind...

Die Journalisten haben verstanden, dass dieser Bereich der Recherche sehr riskant ist und seit etwa 15 Jahren von den großen Redaktionen gesperrt wird. Wir erinnern uns an den explosiven *Dokumentarfilm* von France 3 "*Viols d'enfants: la fin du silence*" (Kinderschänder: *das Ende des Schweigens*), in dem Pierre und Marie berichteten, wie sie in einer unterirdischen Einrichtung in der Nähe von Paris an pädo-satanischen Zeremonien mit rituellen Kinderopfern teilgenommen hätten. Bei dieser Gelegenheit erklärte die ehemalige stellvertretende Staatsanwältin von Bobigny, Martine Bouillon, in der Sendung von Élise Lucet, sie habe Kenntnis von Kindermassengräbern, die in der Nähe von Paris entdeckt worden seien... ohne jedoch aufgrund der laufenden Ermittlungen mehr dazu sagen zu können.

Martine Bouillon wird von ihren Vorgesetzten bereits am nächsten Tag sanktioniert. Sie wurde von dem hohen Richter Michel Joubrel in die Ecke gedrängt ... der später selbst wegen Besitzes von Kinderpornografie angeklagt wird, darunter laut Ermittlern Fotos von Babys unter zwei Jahren ...

Viele Journalisten wissen von der Existenz dieser ultragewalttätigen Netzwerke und wissen genau, dass sie alles zu verlieren haben (soziales Leben, Berufsleben, sogar ihr eigenes Leben), wenn sie sich mit einem solchen Stück auseinandersetzen. Dies gilt umso mehr, als die Frage des Pädosatanismus in Zeiten des Atheismus und des allgemeinen Relativismus für viele eine *Verschwörungstheorie* im Sinne einer *Hexenjagd* ist.

Von da an wischen sie solche Fälle einfach beiseite, obwohl es reichlich Stoff für Ermittlungen gibt.

Politisch und medial gibt es keine pädokriminellen Netzwerke... Es gibt nur "einzelne Raubtiere" oder "Bildkonsumenten" im Internet... Die Netzwerke , die Kinderpornografie produzieren, werden hingegen nie behelligt!

Der erste Schritt für den mutigen Quidam, der das Thema für sich entdeckt, besteht darin, mit der Untersuchung des Schulfalls, dem Fall Dutroux in Belgien, zu beginnen. Man findet dort die institutionelle Korruption (Polizei und Justiz), die Frage des Netzwerks, der *satanischen* Praktiken in den oberen Gesellschaftsschichten (mit den Zeugen X), der auf Traumata basierenden Bewusstseinskontrolle (mit Regina Louf), aber auch die Rolle der Mainstream-Medien, die alle im Chor dieselbe Partitur gespielt haben: d.h. die - offizielle - Version des isolierten Raubtiers, die schamhaft die doch offensichtliche Version eines riesigen Netzwerks, in das große *Fische verwickelt* waren, eliminiert...

Es ist offensichtlich, dass die Härte und der Schrecken eines solchen abstoßenden Themas den ersten und natürlichen Reflex eines Individuums hervorruft, nämlich Ablehnung und Verleugnung... Dies macht Fortschritte in den Bereichen Forschung, Justiz und Opferhilfe nicht leichter.

Angesichts solcher Schrecken, die ein ganzes gesellschaftliches Paradigma in Frage stellen, ziehen es viele Menschen vor, die

Augen zu verschließen, selbst wenn die offensichtlichen Fakten auf der Hand liegen...

Dr. Petra Murkel hat dieses Phänomen in der Arte-Sendung Xenius gut beschrieben:

"Wir wollen klare und plausible Geschichten hören, aber die Wahrheit ist oft ein Hindernis. Sie erscheint uns zu kompliziert, entspricht nicht unseren moralischen Werten oder einfach nicht unseren Erwartungen. Wir belügen uns selbst... Die Wahrheit kann uns zur Verzweiflung bringen, während eine Lüge uns sehr lange tragen kann. Forscher haben auch nachgewiesen, dass eine intelligente Selbstmanipulation für die Lebensfreude unerlässlich ist: Sie ist sinnstiftend und bietet uns eine Struktur. Aus evolutionärer Sicht ist das natürlich ein Vorteil, denn eine Lebenslüge gibt uns lange Zeit Kraft".

Anhang Nr. 1

Jung & Mozart: Zwei in traumatische Rituale eingeweihte Kindheiten?

Bei der Erleuchtung geht es nicht darum, leuchtende Formen oder Visionen wahrzunehmen, sondern darum, die Dunkelheit sichtbar zu machen... C.G. Yung

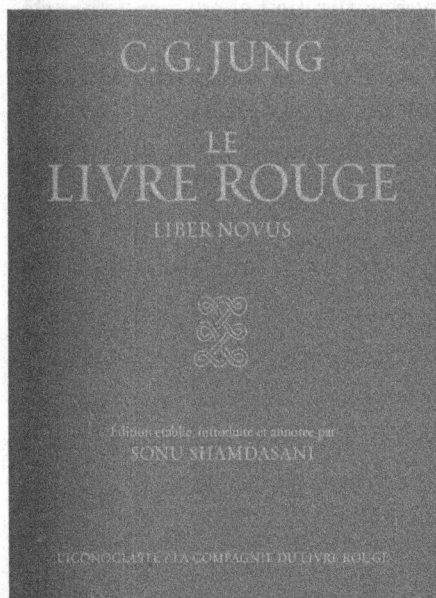

In ihrem Buch *Answer to: Making sense of the Red Book Jung* behauptet Lynn Brunet, dass das berühmte mystische Werk von Carl Gustav Jung mit dem nüchternen Titel "*Das Rote Buch*" zahlreiche Hinweise auf die freimaurerische Symbolik der Hochgrade, hauptsächlich des Schottischen Ritus, enthält. Das Buch, das zwischen 1914 und 1930 entstand, aber erst 2009 erstmals veröffentlicht wurde, gilt als eines der Hauptwerke der Psychologie. Jung hielt darin seine Träume und Fantasien während einer Zeit der Konfrontation mit dem Unbewussten fest, in der er buchstäblich glaubte, verrückt zu werden - in einer *Schizophrenie*, wie er sagen würde... Zwischen kalligraphischen Texten, Bildern, Gemälden, Mandalas und einem erstaunlichen Reichtum an Fantasiegestalten und Mythologie erzählt das Rote Buch die Geschichte eines Mannes, der **seinen Mythos wiederfinden muss und sich auf die Suche nach seiner verlorenen Seele begibt.**

Die Philosophin Françoise Bonardel schreibt über das Rote Buch: "*Was Jung hier beschreibt, ist eine Initiationsreise.... Es fällt ihm zu, eines schönen Tages beginnt er Visionen zu haben, eine Art Offenbarung, er wird Figuren erscheinen sehen, die mit ihm sprechen, usw. ... Er beschreibt diese Reise in die Tiefen seines Unterbewusstseins mit extrem gewalttätigen Sequenzen, die wie ein initiatorisches Tötungsszenario wirken! Insbesondere, wenn er in die Tiefen hinabsteigt und fast in einer Art Blutsee ertrinkt (...) Das alles ist wirklich ein Abstieg in die Hölle, er macht Prüfungen durch (...) Das ist das Paradebeispiel einer Initiationsreise und einer wilden Initiation, die von jemandem durchgeführt wurde, dem es trotzdem gelungen ist, das Ziel nicht aus den Augen zu verlieren und nicht in den Wahnsinn zu verfallen.*" (Das Rote Buch, eine Initiationsreise - BaglisTV)

Lynn Brunet schreibt im Vorwort zu ihrem Buch: "Aufgrund meiner eigenen Erinnerungen an die Initiation in der Kindheit und meiner Recherchen über den rituellen Missbrauch durch die Freimaurer zog ich schnell Parallelen zwischen Jungs Schriften und den Initiationsprüfungen. Es war dann sehr aufschlussreich, als ich *Memories, Dreams, Reflections* las und herausfand, dass sein Großvater väterlicherseits Freimaurer war, ehrwürdiger Meister der Basler Loge (...) Dies wirft die Möglichkeit auf, dass Jung ein x-tes Opfer von rituellem Missbrauch durch die Freimaurer sein könnte. Meine Frage in dieser Studie lautet wie folgt: Könnte das Rote Buch ein detaillierter Bericht über eine Reihe von, wenn auch äußerst verwirrenden und verwirrenden, Erinnerungen an die in der Kindheit erlittenen Initiationen sein, die sich in zeitgenössischen Berichten über rituellen Missbrauch finden?

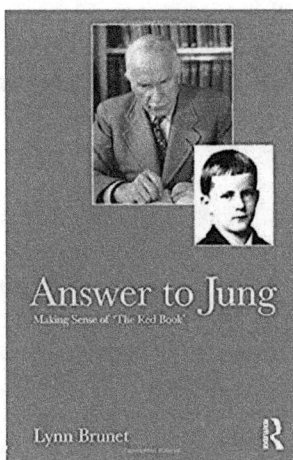

In einem Vortrag mit dem Titel *"Carl Gustav Jung und die Freimaurerei"* berichtet der Dichter, Schriftsteller und Herausgeber Jean-Luc Maxence, dass Jungs Vater, ein bescheidener Pfarrer, ebenfalls Freimaurer war: *"Kann man wirklich sagen, dass Jung von klein auf stark von der Freimaurerei beeinflusst wurde und dass er sogar die großen Konzepte seiner Klinik, der Tiefenpsychologie, aufgestellt hätte, alles bewusst oder unbewusst von den großen Symbolen der Freimaurerei bewohnt? Eines ist historisch sicher: Von frühester Kindheit an, als Kind und später als Jugendlicher, war Jung physisch von spekulativen Freimaurern umgeben. Da ist der Einfluss seines Großvaters, Karl Gustav Jung Senior (...) Was seinen Vater betrifft, bekanntlich ein mittelmäßiger Pfarrer, ein ziemlich passabler Theologe, war er auch Freimaurer..."*.

Wir finden hier eine Form der transgenerationalen Freimaurerei, bei der vom Vater zum Sohn die nachfolgenden Generationen systematisch in die Loge eingeführt werden... die Frage nach dem Übergang von Kindern in die traumatischen Initiationsrituale bleibt (auf der Ebene der hohen Hierarchie) bestehen. Mehrere Quellen berichten, dass sein Vorfahre Johann Sigismund, genannt Sigismund von Jung, ein Jurist, ebenfalls Freimaurer war, aber auch Mitglied der "Erleuchteten von Bayern" (*Illuminaten*).

Dies ist der Rückumschlag des Buches von Lynn Brunet: Das Rote Buch ist Jungs Bericht über eine Periode tiefer Introspektion in sein Unbewusstes während eines Prozesses, den er "*aktive Imagination*" nannte und der in der Mitte seines Lebens unternommen wurde. *Answer to Jung: Making Sense of 'The Red Book'* bietet eine genaue Lektüre dieses wunderschönen und verstörenden Textes und seiner faszinierenden Bilder und zeigt, dass die Fantasien des Roten Buches nicht ganz originell sind, **sondern dass ihre Handlungsstränge, Figuren und Symbole einigen Ritualen der hohen Grade der Freimaurerei bemerkenswert ähnlich sind. Das Buch argumentiert, dass es sich bei diesen Fantasien um Erinnerungen an eine Reihe von erschreckenden Initiationsprüfungen handeln könnte, die möglicherweise in der Kindheit mithilfe abgewandelter oder irreführender Versionen der Freimaurerrituale durchlaufen wurden.** Das Buch vergleicht diese Initiationsszenarien dann mit Berichten über traumatische Rituale, die seit den 1980er Jahren berichtet wurden.

Dr. James Randall Noblitt bemerkt in seinem Buch *Cult and Ritual Abuse* über Jung und sein Rotes Buch: "*Während der Zeit, in der Carl Jung sich auf seine eigene innere Erforschung, auf eine "Konfrontation mit seinem Unterbewusstsein" einließ, archivierte er seine Gedanken und mentalen Bilder in einer Reihe von Schwarzen Büchern, die*

später zu seinem Roten Buch zusammengestellt wurden. Dieser Inhalt wurde zu seinen Lebzeiten nie veröffentlicht, sondern wird nur vertraulich in einer ausgewählten Gruppe von Menschen weitergegeben. Dieser bemerkenswerte Band wurde nach Jungs Tod von seiner Familie versteckt gehalten, bis er schließlich 2009 veröffentlicht wurde. Auf Seite 290 des Roten Buches befindet sich ein Absatz mit dem Titel **The Sacrificial Murder (Der Opfermord)***, der sich auf ein Ritual bezieht, bei dem ein Kind getötet wird. In dieser Szene beschreibt Jung sich selbst, wie er ein Stück von der Leber des Kindes isst, nachdem es ihm befohlen wurde. Jung gibt selbst zu, dass auch er in dieser schrecklichen Tat geopfert wurde".*

Seine eigene Autobiografie schildert Jung, seine Mutter und seine Cousine Helena Preiswerk **als Menschen mit Erfahrungen der Identitätsdissoziation.** Lynn Brunet berichtet außerdem, dass eine von Jungs Biografinnen, Claire Dunne, sich auf die Offenbarung bezieht, die Jung Sigmund Freud gegenüber über eine Vergewaltigung machte, der er als Kind zum Opfer gefallen war. Dunne habe sich auf diese tragische Episode bezogen, um den Titel ihres Buches "Jung: *Wounded Healer of the Soul"* (Jung: Verwundeter Heiler *der* Seele) zu erstellen.

Die Wunde, von der Jung geheilt zu sein scheint, könnte noch viel tiefer gehen... Die häufigen Ausdrücke von *Schmerz, Leid, Verwirrung* und *Qual* im Roten Buch legen ausdrücklich nahe, dass es sich mit dem Thema Trauma befasst und dass die Interpretation seiner symbolischen Inhalte die Einbeziehung der Psychologie und Physiologie des Traumas erfordern würde. Jung war mit den physiologischen Konzepten der Dissoziation, Amnesie und des Traumas sehr gut vertraut...

Wolfgang Amadeus Mozart ist ebenfalls einer jener *großen Männer* der Geschichte, die seit ihrer Kindheit in freimaurerischen Kreisen badeten. Der Ordensmann und Musikwissenschaftler Carl de Nys, der einen großen Teil seines Lebens dem Studium von Mozarts Werk gewidmet hat, berichtet, dass dieser in Slazburg aufgewachsen und stark von freimaurerischen Ideen geprägt war. **Damals gab es in dieser Region eine Blüte von Freimaurerlogen wie den bayerischen Erleuchteten, besser bekannt unter dem Begriff "*Illuminaten*".** Das Umfeld, in dem Mozart aufwuchs, war völlig von dieser okkulten Spiritualität durchdrungen. Carl de Nys

berichtet uns, dass diese bayerischen Erleuchteten ihre Treffen oft im Park von Aigen in Salzburg abhielten. Sie hatten ihn zu einer Art Götterwald mit Altären, Grabdenkmälern usw. umgestaltet. **Die Initiationszeremonie fand im "*Hexenloch*" statt: einer Höhle, deren Eingang von zwei Säulen flankiert wurde, die ein Symbol der Mysterien der Isis trugen, nämlich eine geflügelte Sphinx... Der Überlieferung zufolge diente diese Höhle bereits in römischer Zeit den Anhängern des Mithras und der Astarte als Zufluchtsort.** Die Initiationszeremonien fanden nachts statt und die Höhle wurde mit Fackeln beleuchtet, was der Szenerie der "Prüfungsszene" im zweiten Akt der *Zauberflöte* sehr ähnlich ist. **Carl de Nys behauptet anhand von Quellen, dass der junge Mozart an den "*nächtlichen Treffen*" in dieser Höhle im Park von Aigen teilnahm** und dass dies ihn zu dieser Initiationsszene inspiriert habe... (*Mozart chez les francs-maçons* - les archives de la RTS, 02/01/90).

Grotte des *illuminati* (Hexenloch) près du château d'Aigen, Salzbourg

Laut Carl de Nys war die Familie Mozart also mit der Loge der Erleuchteten in Bayern verbunden, die offenbar gut die Initiationsriten der antiken Mysterienreligionen, insbesondere der Mysterien der Isis, praktizierte.

Höhlen und Grotten waren in der Tat geeignete Orte für dunkle Initiationen. Éliphas Lévi (französischer Geistlicher und Okkultist, geboren als Alphonse-Louis Constant) beschreibt einige der antiken Initiationsrituale folgendermaßen: "*Die großen Prüfungen von Memphis und Eleusis hatten den Zweck, Könige und Priester auszubilden, indem man die Wissenschaft mutigen und starken Männern anvertraute. Um zu diesen Prüfungen zugelassen zu werden, musste man sich mit Leib und Seele der Priesterschaft hingeben und sein Leben aufgeben. Man stieg in dunkle unterirdische Gänge hinab und musste abwechselnd brennende Scheiterhaufen, tiefe und schnelle Wasserströme und bewegliche Brücken über Abgründe überqueren, ohne eine Lampe, die man in der Hand hielt, erlöschen zu lassen oder zu entweichen. Wer schwankte oder Angst hatte, sollte nie wieder das Licht sehen; wer unerschrocken alle Hindernisse überwand, wurde in den Kreis der Mysten aufgenommen, d. h. in die kleinen Mysterien eingeweiht. Aber seine Treue und sein Schweigen mussten noch getestet werden, und erst nach mehreren Jahren wurde er zum Epopten, einem Titel, der dem des Adepten entspricht (...) Nicht in den Büchern der Philosophen, sondern in der religiösen Symbolik der Alten muss man die Spuren der Wissenschaft suchen und ihre Geheimnisse wiederfinden (...) Alle wahren Eingeweihten haben den immensen Nutzen der Arbeit und des Schmerzes erkannt. Der Schmerz, so sagte ein deutscher Dichter, ist der Hund jenes unbekannten Hirten, der die Herde der Menschen führt. Leiden lernen, sterben lernen, das ist die Gymnastik der Ewigkeit, das ist das unsterbliche Noviziat*". ("The History of Magic" - Eliphas Levi, 1999, S. 122)

Die alten Griechen wussten genau, **wie tiefgreifender physiologischer Stress die Wahrnehmung der Welt bei einem Menschen verändern kann. Die Priester im antiken Griechenland wandten traumatische Rituale an, um bestimmte Kranke zu "heilen". Dazu ließen sie sie in die Höhle des *Trophonios* hinabsteigen**.... Die Person wurde durch Fasten, Lustration (Reinigungszeremonie mit Wasser) und Schlafentzug auf dieses Ritual vorbereitet. Dann wurde sie in den Untergrund hinabgelassen, wo sie in völliger Dunkelheit allein gelassen wurde. Die berauschenden Gase, die in der Höhle ausgeatmet wurden, oder vielleicht auch der Sauerstoffmangel, wirkten sich bald auf die Person aus, indem sie schreckliche Träume und Visionen hervorriefen. Dann kam man ihr gerade noch rechtzeitig zu Hilfe und holte sie aus der Höhle ans Licht und an die frische Luft.

Diese Art von Prüfungen verursachten ein echtes Trauma, das den Kranken heilen sollte. **Der Psychiater William Sargant verwendet den Begriff** *"Gehirnwäsche"*, **um die Rituale des Orakels von** *Trophonios* **zu beschreiben, bei denen der Proband sensorische Deprivation, visuelle und auditive Verwirrungstechniken und die Einnahme von Psychopharmaka erlebte.** So wie wir heute einen Psychiater aufsuchen, wenn wir Rat oder eine Behandlung benötigen, konsultierten die alten Griechen Orakel mit dem gleichen Ziel. Bevor eine Person das Orakel aufsuchte, musste sie zunächst Schlafentzug, wiederholte Gesänge, die Einnahme von Drogen und schließlich ein einsames Abenteuer in tiefen, dunklen Höhlen erleben. **Dieser lange und anstrengende Kampf, der mehrere Tage dauern konnte, versetzte sie in einen Zustand extremen physiologischen Stresses.** Wenn das Orakel dann bestimmte Dinge offenbarte, konnte die Person deren Bedeutung **dank dieses veränderten Bewusstseinszustands, der ihr eine andere Sicht der Welt verschaffte,** verstehen (*"Source for the Study of Greek Religion"* - David Rice, John Stambaugh, 1979, S.144).

Carl de Nys behauptet, dass die bayerischen Illuminaten in Salzburg ihre Initiationszeremonien in einer Höhle abhielten, deren Eingang von zwei Säulen flankiert wurde, die eine geflügelte Sphinx stützten, das Symbol der Mysterien der Isis... In seinem Werk *"Metamorphosen"* scheint der Schriftsteller Apuleius **seine eigene Initiation in die Mysterien der Isis und des Osiris** zu beschreiben, in die er während seines Aufenthalts in Griechenland eingeweiht worden sein soll: *"Der Hohepriester schob dann die Profanen* **beiseite***, ließ mich in ein Gewand aus rohem Leinen kleiden und nahm mich bei der Hand und* **führte** *mich in das tiefste Innere des Heiligtums.* Zweifellos, mein Freund und Leser, wird Ihre Neugierde sich danach erkundigen, was gesagt und getan wurde. Ich würde es sagen, wenn es mir erlaubt wäre, es zu sagen; Sie würden es erfahren, wenn es erlaubt wäre, es zu erfahren. Aber es wäre in gleichem Maße ein Verbrechen für die vertrauenden Ohren und für den enthüllenden Mund. Wenn Sie jedoch von einem religiösen Gefühl beseelt sind, habe ich Skrupel, Sie zu quälen. Hört und glaubt, denn was ich sage, ist wahr.* **Ich habe die Pforten des Todes berührt; mein**

Fuß stand auf der Schwelle der Proserpina. Auf dem Rückweg habe ich die Elemente durchquert. In der Tiefe der Nacht sah ich die Sonne strahlen. Die Götter der Hölle, die Götter des Empyreums, sie alle wurden von mir von Angesicht zu Angesicht gesehen und aus nächster Nähe angebetet. Das ist es, was ich euch zu sagen habe, und ihr werdet nicht mehr erleuchtet werden".

Wir finden hier also drei wesentliche Komponenten der Geheimgesellschaften freimaurerischer Prägung: **Tod und Auferstehung, Prüfung durch die Elemente und schließlich Erleuchtung.** Es ist möglich, dass es sich hier um **ein traumatisches Ritual handelt, das den Initiationskandidaten in eine Erfahrung an der Grenze zum Tod** *(ich habe die Pforten des* **Todes** *berührt)* **mit einem tiefen Zustand der Dissoziation führt, der sein Bewusstsein** *erhellt (ich habe die Sonne strahlen sehen).*

Welche Initiationsriten könnte der kleine Mozart erlebt haben, als er von den erleuchteten Bayern oder *Illuminaten* **in das "***Hexenloch***" gebracht wurde?**

Freimaurerischer Tempel der Brüderlichkeit und der Union in Rennes (35)

Anhang Nr. 2

Trauma und Dissoziation in der freimaurerischen Mythologie

Auszüge aus dem Buch *"Terror, Trauma and The Eye In The Triangle"* Lynn Brunet - 2007, S. 64-83

Lynn Brunet

The Masonic Presence in Contemporary Art

Initiatory Themes and Trauma

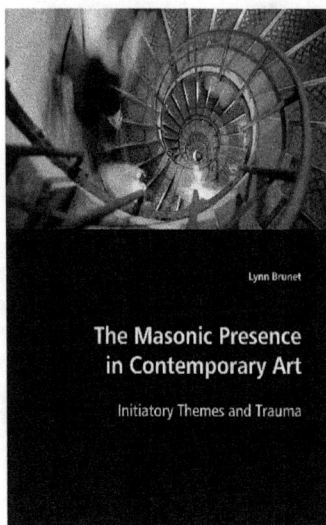

Der Salomonische Tempel wurde oft als Metapher für den menschlichen Körper interpretiert. Der Freimaurer-Autor Albert Mackey bestätigt dies, wenn er schreibt: "Zeremonien des dritten Grades, bei denen ein baufälliges Gebäude metaphorisch für die altersbedingten Beeinträchtigungen und Gebrechen des menschlichen Körpers steht." Die beiden Säulen, Jakin und Boas, stellen den Eingang zum Tempel dar. In der kabbalistischen Literatur entsprechen diese beiden Säulen der rechten und linken Seite des Körpers mit ihrer Spiegelwirkung (...) Hier liegt die Verbindung zu den linken und rechten Funktionen des menschlichen Gehirns, die jeweils die gegenüberliegende Seite des Körpers kontrollieren, es handelt sich um die sogenannte Controllaterality. Diese beiden Säulen können auch für Eigenschaften wie Strenge und Milde, das Konzept von Schwarz und Weiß, Adam und Eva, männlich und weiblich usw. stehen.

Der salomonische Tempel sollte einen dauerhaften Unterschlupf für die Bundeslade bieten, die seit den Tagen Moses in einem Zelt untergebracht war (...) In einem Plan des salomonischen Tempels, der in einem Freimaurer-Dokument mit dem Titel "*The Two Pillars*" abgebildet ist, befindet sich die Bundeslade im Allerheiligsten mit dem Weihrauchaltar direkt daneben.

(Anm. d. Ü.: Lynn Brunet zieht eine Parallele zwischen der Bundeslade und dem Thalamus, einer Struktur im Herzen des Gehirns)

Das Wort Thalamus leitet sich vom griechischen Wort für ein "inneres Gemach" ab, das gemeinhin als Brautgemach verwendet wird. Der Thalamus befindet sich im Zentrum des Gehirns, wird vollständig von der kortikalen Hemisphäre bedeckt und ist die Hauptbrücke, die sensorische Informationen an die Großhirnrinde weiterleitet; die wichtigsten Inputströme in die Großhirnrinde müssen durch den Thalamus fließen. Wie Francis Cricks feststellt: "*Die Vorstellung, dass der Thalamus ein Schlüssel zum Bewusstsein ist, ist nicht neu. Seine Aufgabe ist es, das somatosensorische System sowie die geistige und emotionale Aktivität eines Individuums in Harmonie zu halten*". Er stellt auch fest, dass ein großer Teil des Thalamus als "pulvinar" bezeichnet wird, ein Wort, das ursprünglich ein "Kissen" oder "Polster" bedeutet (...) eine andere Deklination bedeutet "heiliges Sofa" oder "Ehrenstuhl".

Könnte sich diese Terminologiewahl auf den Gnadenthron der Bundeslade beziehen, der im Allerheiligsten untergebracht ist? Wenn ja, könnte die Positionierung des Weihrauchaltars direkt neben dem Allerheiligsten ein symbolischer Hinweis darauf sein, dass der Geruchssinn der einzige Sinn ist, der keine Kreuzung der Nervenbahnen zwischen Gehirn und Körper beinhaltet: Die rechte Seite der Nase ist mit der rechten Seite des Gehirns verbunden. Die enge Beziehung des Geruchssinns zum Gedächtnis ist allgemein bekannt (...) Als Salomo ein "Haus" für die Arche nachbildete, platzierte er die Cherubim so, dass ihre Flügel die Seite jeder Wand berührten. In physiologischer Hinsicht können die Flügel der Cherubim symbolisch die beiden Seiten der Großhirnrinde darstellen, die die Innenseite der Schädelwände berühren und sich in der inneren Kammer, in der das Bewusstsein wohnt, von Angesicht zu Angesicht . So gesehen könnte der "Thron der Gnade" dann symbolisch für die Fähigkeit des Gehirns stehen, das Chaos zu organisieren, d.h. die ständige Masse an eingehenden sensorischen Informationen, die sofort vom Thalamus verarbeitet werden (...).) Die Mittlere Kammer (die das Ende der Initiation der ersten drei freimaurerischen Grade markiert: Lehrling, Geselle und Meister) und ihre Wendeltreppe sind zwei wichtige freimaurerische Symbole (...) Mackey schreibt, dass die Gesellen, die Arbeiter des Tempels, die Wendeltreppe hinaufsteigen, um in die Mittlere Kammer zu gelangen. Er interpretiert diese Mittlere Kammer als den Ort, an dem die Wahrheit empfangen wird, und die Wendeltreppe als ein Symbol für spirituellen Fortschritt.

Die Forschung am Thalamus hat gezeigt, dass er eine Reihe von Aktivitätszentren enthält, die als "Kerne" bezeichnet werden. Der wichtigste wird als "ventraler kaudaler (oder hinterer) Kern" bezeichnet. Der Neurologe Chihiro Ohye schreibt: "Innerhalb des ventralen kaudalen Kerns befindet sich ein Bereich, der als ventraler Zwischenkern bezeichnet wird und verstreute Zellcluster enthält. Die elektrische Stimulation dieses Teils des Kerns induziert ein Gefühl des Drehens oder Erhöhens, eine Art Aufstieg". (...) Die Psychologin Susan Blackmore erklärt, dass einige halluzinogene Erfahrungen einen Einfluss auf die Gehirnzellen haben können, indem sie eine Vision erzeugen, die aus spiralförmigen Streifen besteht, die wie ein Tunnel auf der Sehrinde erscheinen können. In physiologischer Hinsicht könnte das Symbol der Wendeltreppe also eine Möglichkeit sein, dieses physische Gefühl des Drehens und Aufsteigens mit dieser halluzinatorischen Vision zu veranschaulichen. Was diesen Ort angeht, an dem die "Wahrheit" empfangen wird, so könnte es sein, dass diese Mittlere Kammer ein Ort sein könnte, der denjenigen, die Meditation studieren, vertraut ist, ein Bereich des Gehirns, der weder rechts noch links ist, ein Zustand völlig zentrierter Ruhe, in dem der Einzelne ein Gefühl der Verbindung mit dem Göttlichen empfinden kann (...) Irgendwo im Thalamus angeordnet, kann der innere Raum oder das "Brautgemach" eine andere Art sein, das mystische Konzept der alchemistischen Ehe (oder chymischen Hochzeit)

darzustellen, das als das Konzept des Hermaphroditen dargestellt wird, oder in Jungschen Begriffen ein Zustand, in dem die männlichen und weiblichen Aspekte der Psyche in völliger Harmonie sind (...).

In der Traumatologie kann die Legende von Hiram als metaphorischer Text betrachtet werden, der darstellt, was physiologisch passiert, wenn Terror eingesetzt wird, um die Erfahrung des *inneren Lichts* zu erzeugen. Dieses *innere Licht* ist jenes Gefühl des kosmischen Bewusstseins oder der Unsterblichkeit, zu dem man durch den langsamen spirituellen Aufstieg gelangt, der im zweiten Grad dargestellt wird. Die Freimaurerei gehört der gnostischen Tradition an. Die Gestalt Luzifers, des "Lichtbringers", des Lichts der

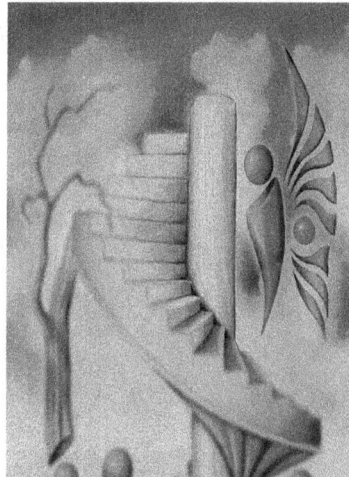

mystischen Erfahrung, steht im Mittelpunkt dieser Tradition. Die Beziehung zwischen Luzifer und der Psychologie des Traumas wird in einem Theaterstück mit dem Titel "Die Tragödie des Menschen" beleuchtet, das von dem Ungarn Imre Madach geschrieben und von dem Anthropologen Geza Roheim analysiert wurde. Luzifer, der die zentrale Figur in dem Stück ist, wird als "Geist der Verleugnung" bezeichnet. In dem Stück fordert Luzifer Adam auf, durch den Raum zu fliegen (d. h. sich von der Realität abzukoppeln), um dem Schaum des irdischen Lebens zu *entkommen*: *"Der Schmerz wird aufhören, wenn wir nachgeben und das letzte Band, das uns an unsere Mutter Erde bindet, verschwunden ist"*.

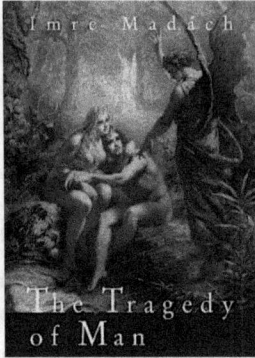

Diese menschliche Fähigkeit, sich durch Verleugnung und Dissoziation intensivem Terror und emotionalem oder physischem Schmerz zu entziehen, könnte von den Freimaurern ausgenutzt worden sein, um mystische Erfahrungen zu erreichen. Durch Eingriffe in den Gehirnprozess durch ein physisches oder psychisches Trauma (Schock, Terror, Hypnose) kann der Geist eine Störung des Zeitgefühls erfahren und ein Gefühl der Zeitlosigkeit erleben (...).

Der Mythos von Isis und Osiris, der im Schottischen Ritus verwendet wird, kann auch eine metaphorische Veranschaulichung des traumatischen Prozesses sein. Mackey schreibt, dass *"Osiris von einem Taifun getötet und sein*

Körper in Stücke geschnitten wurde, seine verstümmelten Überreste wurden in den Nil geworfen und in alle vier Winde zerstreut. Seine Frau Isis, die um den Tod und die Verstümmelung ihres Mannes trauerte, suchte mehrere Tage lang nach den Körperteilen, und nachdem sie sie gefunden hatte, setzte sie die Teile wieder zusammen, um ihm eine würdige Bestattung zu ermöglichen. Der so wiederhergestellte Osiris wurde zu einer der wichtigsten ägyptischen Gottheiten und sein Kult vereinigte sich mit dem der Isis zu einer fruchtbaren Gottheit für die Befruchtung der Natur." (...) Wenn man die Figuren Isis und Osiris in Bezug auf die Gehirnstrukturen interpretiert, repräsentiert Isis die rechte Gehirnhälfte, die intuitiven Attribute, und Osiris die linke Gehirnhälfte, die logischen und sprachlichen Attribute.

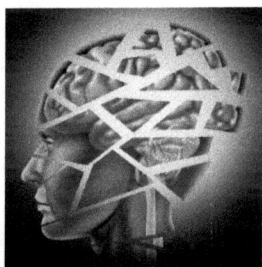

Traumaschäden können zu Problemen bei der Aufzeichnung des Gedächtnisses in der linken Gehirnhälfte führen und die Fähigkeit des Einzelnen beeinträchtigen, über die erlebten Ereignisse zu sprechen, da die Informationsübertragung in der rechten Gehirnhälfte "verstümmelt" oder fragmentiert ist. Es ist dann für den Einzelnen schwierig, die Erinnerungsfragmente, die wie Teile eines Puzzles sind, wieder zusammenzusetzen. Diese ägyptischen Götter könnten als Verkörperung dieses Phänomens der Gedächtnisstörung des fragmentierten Geistes nach einer traumatischen Erfahrung interpretiert werden.

Hinweise auf Verstümmelungen oder Selbstverstümmelung bei mythologischen Göttern sind in der magischen und religiösen Literatur des alten Ägyptens reichlich vorhanden. Die Verstümmelungen, die sich die Götter selbst zufügen, sind in der Regel auf emotionalen Stress unterschiedlicher Art zurückzuführen. Budge stellt fest, dass in anderen Szenarien zum Thema Tod und Auferstehung im Osirischen Mythos von Horus, dem Sohn von Isis und Osiris, Horus die Rolle zukommt, das Leben durch eine Umarmung wiederzubeleben, eine Geste, die an die "Fünf Punkte der Freimaurer-Gesellschaft" erinnert. *"Horus kam zu Osiris, der sich im Zustand eines toten Mannes befand, und er umarmte ihn. Durch diese Umarmung übertrug er ihm seinen eigenen KA (Doppelgänger) oder einen Teil der Kraft, die darin wohnte. Die Umarmung ist tatsächlich ein Akt, durch den die Lebensenergie vom Umarmenden auf den Umarmten übertragen wird."* Budge bemerkt, dass die Umarmung metaphorisch auch als Wiederherstellung von Informationen im Sprachzentrum der linken Gehirnhälfte zum Zweck der psychischen Heilung nach einem schweren Trauma angesehen werden kann. Alan Watt argumentiert bei der Untersuchung des Themas der Fraktionierung im Osiris-Mythos und anderen antiken Mythen, dass die opfernde Zerstückelung eines göttlichen Wesens ein freiwilliger Prozess ist, nämlich der

der Selbstaufopferung. Er schreibt: "*Daraus folgt logischerweise, dass dort, wo am Anfang eine Zerstückelung (Dekonstruktion) stattfindet, am Ende ein Wiederaufbau stattfindet* (Anm. d. Ü.: Ordo ab Chao oder Auflösen und dann gerinnen). *Es handelt sich um das kosmische Spiel, das darin besteht, das Verborgene zu entdecken und sich an das zu erinnern, was verstreut wurde.*"

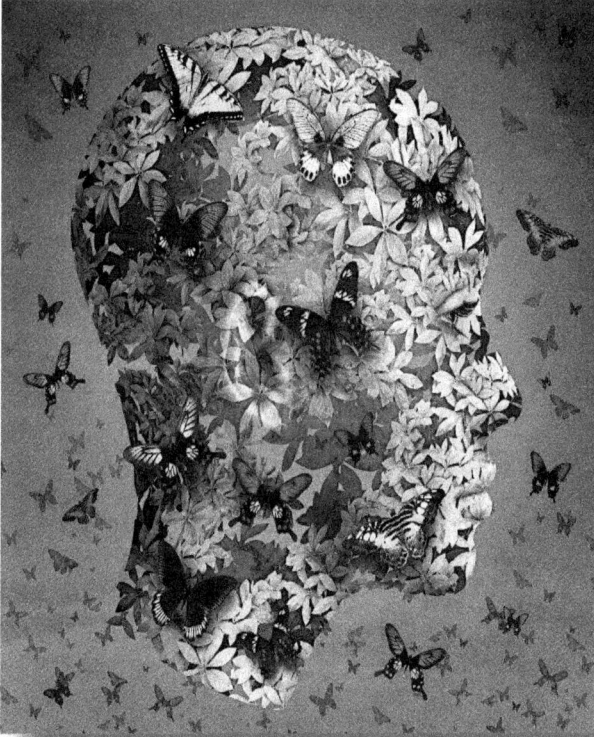

Watts Schlussfolgerung ist in Verbindung mit einer Vorstellung über das Gedächtnis in spirituellen Prozessen sowie die Rolle der Konzentration bei der Reduzierung zerstreuter Gedanken zu sehen. Ich würde sagen, dass dieser Mythos noch passender ist, wenn er auf die Natur des traumatischen Gedächtnisses, seiner Unterdrückung und seiner Wiedererinnerung angewendet wird (...) Der Freimaurer Leadbeater legt nahe, dass die Einweihung in ihrer reinsten Form eine Art Verbindung mit dem Göttlichen beinhaltet, und das ist es, was die verschiedenen Freimaurergrade darstellen. Das "Zerreißen in Fragmente" legt nahe, dass die Initiation ein Verständnis dafür erfordert, wie man Schocks einsetzt, um einen bestimmten Bewusstseinszustand zu erzeugen, der, wenn er richtig erzeugt wird, das Gefühl erzeugen kann, "eins mit dem Universum" zu sein. Ein solcher Bewusstseinszustand wird heute im medizinischen Bereich als Beispiel für einen Dissoziationszustand angesehen. Casavis stellt in einer Analyse über den griechischen Ursprung der Freimaurerei fest, welche Rolle die Fragmentierung in den Osirischen Mysterien spielt. Er stellt fest, dass die heilige Pflanze dieses Mysterienkults die Erica war, die vom griechischen Wort "eriko" abstammt, das *"in Stücke zerbrechen"* bedeutet.

Der Freimaurer Albert Mackey berichtet, dass das für die Freimaurerei relevanteste ägyptische Symbol das "allsehende Auge" ist, das auf mystischer Ebene als das Auge Gottes interpretiert wird, aber auch als *Symbol für die göttliche Wachsamkeit und Fürsorge für das Universum.* Die Annahme des gleichseitigen Dreiecks ist ein Symbol der Göttlichkeit, das sich in verschiedenen Kulturen wiederfindet. Mackey schreibt: *"Bei den Ägyptern war der Hase die Hieroglyphe für offene Augen. Das ist so, weil dieses zerbrechliche Tier seine Sehorgane angeblich nie schließt und immer nach Feinden Ausschau hält. Der Hase wurde später von den Priestern als Symbol für die geistige Erleuchtung oder das mystische Licht übernommen, das den Neophyten bei der Kontemplation der göttlichen Wahrheit während des Verlaufs ihrer Initiation offenbart wird. Und so war der Hase laut Champollian auch das Symbol von Osiris, einem Hauptgott, und zeigte damit die enge Verbindung zwischen dem Initiationsprozess in ihren heiligen Riten und der Kontemplation der göttlichen Natur."*

Eine der Folgen von schweren Traumata ist ein Zustand, der als "Hypervigilanz" bekannt ist. Dabei handelt es sich um eine ständige Aufmerksamkeit und zermürbende Angst, bei der das Opfer wie ein Hase oder Kaninchen ständig nach Gefahren Ausschau hält. Als Osiris wieder zum Leben erweckt wurde, besaß er "das Auge, das alles sieht". Wenn die Rekonstruktion von Osiris die Wiederherstellung traumatischer Erinnerungen darstellt, dann kann diese Fähigkeit, "alles zu sehen", als die Fähigkeit übersetzt werden, sich dem Tod oder dem Bösen zu stellen. Diese Vorstellungen vom Umgang mit dem Tod, die Idee der Reise und der Wiedergeburt in den freimaurerischen Texten erhalten also eine gewisse Bedeutung mit den zeitgenössischen Theorien über Gedächtnis und Trauma. Aus physiologischer

Sicht ist es interessant, dass die Neuronen, die am stärksten mit dem Bewusstsein verbunden zu sein scheinen, als Pyramidenzellen beschrieben werden.

Wir können eine Parallele zur Symbolik von Isaac Newtons Entdeckung ziehen, dass weißes Licht durch ein dreieckiges Glasprisma in die verschiedenen Farben des Regenbogens zerlegt wird. Das Auge im freimaurerischen Dreieck verkörpert Newtons Physik in dem Sinne, dass es eine visuelle Darstellung der Fraktionierung sein kann, die sich auf die Dissoziation, die Erleuchtung des Bewusstseins (...) bezieht.

Hier wird die von Edmund Burke beschriebene Philosophie der Aufklärung über die Verbindung zwischen Terror und Erhabenheit relevant. Alle Dinge, die *Schrecken* vermitteln, so sagt er, "*sind eine Quelle des Erhabenen, sie erzeugen die stärkste Emotion, die der Geist zu empfinden imstande ist.*" Vielleicht ist das ein Echo auf die neurologische Forschung. Der Ort, an dem sich all diese Funktionen zu koordinieren scheinen, wird als limbisches System bezeichnet, das den Thalamus, die Amygdala, den Hippocampus und andere Strukturen umfasst. Pierre-Marie Lledo formuliert *es* so: "*Ähnlich wie die Vorhölle in der christlichen Mythologie ist das limbische System der Vermittler zwischen dem neo-*

mammalen Gehirn des Himmels und dem reptilienartigen Gehirn der Hölle." (...)

Auf dem Freimaurer-Schurz des 21 Grades ist der Noachit oder Preußische Grade ein geflügelter Mensch, der den Zeigefinger seiner rechten Hand an die Lippen und einen Schlüssel in seiner linken Hand hält. Diese Darstellung ist als die ägyptische Figur des Schweigens bekannt (...) Im System der Freimaurer ist der Turmbau zu Babel ein Bild, das mit Erinnerungen und Vergessen verbunden ist und mit Sprachverwirrung und -verlust in Verbindung steht. Die Freimaurer sagen: *"Wenn du am Turm vorbeigehst, vergisst du alles, was du weißt"* (...) Die geflügelte Figur des Schweigens auf der Freimaurerschürze des 21 Grades kann auch diesen Prozess der Dissoziation darstellen. Die Unfähigkeit, über die traumatische Erfahrung zu sprechen, wird

durch den rechten Zeigefinger repräsentiert, der vor den Mund gehalten wird, wobei die rechte Hand von der linken Gehirnhälfte gesteuert wird, der Seite des Gehirns, die die Sprache beeinflusst. Die linke Hand (die den Zugang zur rechten Gehirnhälfte symbolisiert, wo die dissoziierten traumatischen Erinnerungen gespeichert sind) hält den "Schlüssel" für den Zugang zu diesen Erinnerungen.

Die Geschichten von der Sintflut und dem Turmbau zu Babel können als eine weitere Metapher interpretiert werden, die die Funktionsweise des Gehirns während eines Traumas darstellt. In vielen Schriften über Traumata wird die Erfahrung als "Verlassen des Körpers" beschrieben, ein Phänomen, das mit dem Prozess der Dissoziation zusammenhängt. Ein Gefühl des Friedens wird dann empfunden, wenn die Person sich psychisch vom Terror abkoppelt und so einen natürlichen Weg zur Flucht findet. Das Wegfliegen der "Seele" aus dem Körper in traumatischen Situationen wird durch die Befreiung der Taube aus der Arche Noah dargestellt und symbolisiert in physiologischer Hinsicht den Opioid-Effekt, der im Gehirn freigesetzt wird, wenn der Schrecken den physischen Körper "überflutet" (...).) Nach der Sintflut (des Terrors) wird der Regenbogen (die dissoziierte Identität) dann zu einem Symbol der Hoffnung, weil die Flut des Terrors vergessen ist und das Individuum überleben kann (...) Das Leben von Individuen wird psychologisch "gespalten", nachdem sie etwas erfahren haben, das sie hätte töten können. In kabbalistischen Texten wird der Regenbogen auch mit dem Weg des Chamäleons in Verbindung gebracht, jenem Tier, das je nach Umgebung seine Farbe ändert. Dies ist mit dem Phänomen der multiplen Persönlichkeit in Verbindung zu bringen, bei dem der Einzelne in der Lage ist, sich mit unterschiedlichen Persönlichkeiten (Alter oder Fragmente der Persönlichkeit) an verschiedene Situationen anzupassen. Diese ganze Symbolik führt zu der Möglichkeit, dass die Geschichte der Arche Noah und der Bundeslade auch Metaphern für Vorgänge im Zusammenhang mit dem menschlichen Gehirn entsprechen können...

Anhang Nr. 3

Definition von Dissoziation als Folge von Traumata

Auszug aus der Diplomarbeit "*L'Abus Rituel: Le point de vue d'intervenantes en agression sexuelle*", *die* von Christine Jacques 2008 an der Université du Québec en Outaouais im Fachbereich Sozialarbeit eingereicht wurde.

UQO
UNIVERSITÉ
DU QUÉBEC
EN OUTAOUAIS

Ritueller Missbrauch ist nach wie vor ein Thema, das in den verschiedenen Interventionskreisen kaum bekannt ist. Der fehlende Konsens darüber, wie ritueller Missbrauch konzeptualisiert werden soll, und die Kontroverse, die ihn umgibt, beeinträchtigen seine Anerkennung. Diese qualitative Forschungsarbeit verfolgt drei Ziele: Dokumentation und Analyse von Informationen über rituellen Missbrauch, Förderung des Wissens und Verständnisses dieser Art von Missbrauch aus der Sicht von Helferinnen bei sexueller Aggression, die Frauen unterstützt haben, die diesen Missbrauch seit ihrer frühen Kindheit erlitten haben, und Beitrag zur Förderung des Wissens über das Thema in der französischsprachigen Interventionsumgebung. Es wurden halbstrukturierte Interviews mit acht Helferinnen durchgeführt, die in verschiedenen Einrichtungen zur Unterstützung von Opfern sexueller Aggression tätig sind und zugegeben haben, dass sie mit mindestens zwei Überlebenden rituellen Missbrauchs (...)

Es wird auch empfohlen, mehr Forschung über rituellen Missbrauch zu betreiben, insbesondere in Bezug auf das Programmieren, eine Methode zur Gedankenkontrolle, und

in Bezug auf Dissoziation bei Überlebenden rituellen Missbrauchs. Es vor allem notwendig, mehr praktisches Wissen über Interventionen in diesem Bereich zu entwickeln. Mehr Forschung muss sich auch mit den Verbindungen zwischen rituellem Missbrauch und sexuellem Sadismus sowie rituellem Missbrauch und Netzwerken für die sexuelle Ausbeutung von Kindern befassen.

Die Dissoziation

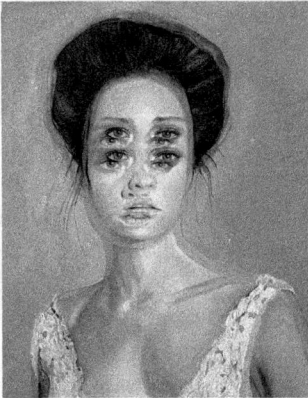

Alle Teilnehmerinnen thematisieren Dissoziation, wenn es um die Frage der Spätfolgen geht. Einige der Teilnehmerinnen erkennen an, dass ritueller Missbraucher Dissoziation bei den missbrauchten Personen hervorrufen, um eine größere Kontrolle über sie zu erlangen. Die Mehrheit der Teilnehmerinnen (6/8) betrachtete Dissoziation jedoch in erster Linie als einen normalen und wesentlichen Abwehrmechanismus, der es den Opfern ermöglicht, die Intensität des Missbrauchs und die damit verbundenen Traumata zu überleben.

Kluft, Herman, Putnam und andere haben viel dazu beigetragen, Dissoziation und die Kriterien für ihre extremste Form zu definieren: die dissoziative Identitätsstörung, früher als multiple Persönlichkeitsstörung bezeichnet. Sie identifizierten diese Störung insbesondere mit dem Vorhandensein von dissoziativen Amnesiebarrieren, die eine Fragmentierung des "Selbst" bewirken, und dem Vorhandensein mehrerer unterschiedlicher Persönlichkeiten - oder alter Identitäten -, die geschaffen wurden, um ein unerträgliches Trauma zu überwinden, meist bei schweren Misshandlungen in der Kindheit. (Beardsley, 2002, S. 111)

Es sei auch daran erinnert, dass die Teilnehmerinnen Dissoziation im Gegensatz zum psychiatrischen Ansatz nicht als eine psychische Störung oder ein psychisches Leiden betrachten. Sie verwenden daher den Begriff Dissoziation oder multiple Persönlichkeiten, um das Thema zu behandeln, und nicht den Begriff dissoziative Störungen, wie er im Mini DSM-IV (1994) der diagnostischen Kriterien der American Psychiatric Association oder im Mini Manual of Diagnostic Criteria (Minihandbuch der diagnostischen Kriterien) dargestellt wird. Sie belegen jedoch die Folgen, die sich aus diesem Abwehrmechanismus im gegenwärtigen Leben der Frauen ergeben, die ihn entwickelt haben. Außerdem befasst sich die Hälfte von ihnen mit der Art und Weise, wie Dissoziation im rituellen Missbrauch eingesetzt wird.

Die Hälfte der Teilnehmerinnen präsentiert eine kurze Erklärung, was Dissoziation ist. Eine Teilnehmerin sagt, dass Dissoziation eine der wichtigsten Auswirkungen von rituellem Missbrauch ist und dass Kinder, die Opfer von rituellem Missbrauch sind, lernen, zu dissoziieren. *"Das Kind dissoziiert in einem sehr frühen Alter, weil etwas Unerträgliches passiert. Sein Geist trennt sich und das Kind dissoziiert, um etwas zu verarbeiten und zu bewältigen, was sonst unmöglich zu bewältigen wäre"*.

Dissoziation kann sich in verschiedenen Graden manifestieren. So sprechen einige Teilnehmer (3/8) von Dissoziation, die darin besteht, dass sie nicht in der Lage sind, persönliche Erinnerungen aus der Vergangenheit oder der jüngsten Vergangenheit hervorzurufen, während andere (5/8) speziell auf einen ihrer Meinung nach extremeren Grad der Dissoziation eingehen, den sie als "multiple Persönlichkeiten" bezeichnen. Dissoziation in

Form von multiplen Persönlichkeiten entsteht nur durch Traumata in der frühen Kindheit.

Die Dissoziation, die sich in der Unfähigkeit äußert, Erinnerungen hervorzurufen, führt dazu, dass einige Überlebende des rituellen Missbrauchs nur sehr wenige Erinnerungen an ihre Kindheit haben. Eine Teilnehmerin spricht von Amnesie und meint, dass die Überlebenden möglicherweise bestimmte Erinnerungen an die erlittenen Traumata blockiert haben; ihre Erinnerungen treten meist in Rückblenden auf. Eine andere spricht eher davon, dass einige Überlebende nicht in der Lage sind, jüngere Erinnerungen hervorzurufen. Die Dissoziation führt dazu, dass Überlebende manchmal den Bezug zur Gegenwart verlieren und den Eindruck haben, dass sie traumatische Momente aus ihrer Vergangenheit wiedererleben. Frauen, die auf diese Weise dissoziieren, können sich für einige Stunden bis hin zu einigen Tagen in diesem Zustand befinden. Diese Frauen sind sich nicht mehr völlig bewusst oder haben keine Kontrolle über das, was sie in dieser Zeit tun, und können sich in Situationen begeben, die sie ohne den dissoziativen Zustand nicht unbedingt eingehen würden.

Mehr als die Hälfte der Teilnehmerinnen (5/8) sagen, dass bei den Überlebenden rituellen Missbrauchs, die sie betreuen, häufig von multiplen Persönlichkeiten die Rede ist. Eine der Teilnehmerinnen erklärt dies folgendermaßen:

"Extreme Dissoziation, oder insbesondere die Ausbildung so genannter multipler Persönlichkeiten, oder was andere als dissoziative Identitätsstörung bezeichnen, bedeutet, dass die Überlebende ihren Geist in mehrere Teile gespalten und diese voneinander getrennt hat, so dass sie zum Beispiel nachts Folter erleben kann und am nächsten Tag völlig unbewusst ist, was sie erlitten hat.... Am nächsten Tag kann sie also zur Schule gehen und relativ normal performen, da zwei oder mehr Teile involviert waren. Eine von ihnen übernimmt außerhalb des Bewusstseins der ersten Partie. Die Überlebenden können also zwei oder mehr verschiedene Identitäten haben, die im Unbewussten voneinander getrennt sind."

So kann es manchmal so aussehen, als würden Überlebende rituellen Missbrauchs ein normales Leben führen, zur Schule gehen oder einen Job haben, aber in Wirklichkeit sie ihr Leben nur auf der Grundlage ihrer dissoziativen Fähigkeiten bewältigen, die sie während der erlittenen Traumata entwickelt haben. Es ist, als würden diese Menschen ein Doppelleben führen. Diese Art, ihren Alltag zu bewältigen, entspricht einem der Elemente des Dissoziationskonzepts nach van der Hart, Nijenhuis und Steele (2006):

"Chronisch traumatisierte Menschen sind in einem schrecklichen Dilemma gefangen. Sie verfügen nicht über die angemessene Integrationsfähigkeit und die geistigen Fähigkeiten, um ihre schrecklichen Erfahrungen bewusst und vollständig zu verarbeiten. Sie müssen ihr tägliches Leben fortsetzen, das manchmal sogar die Menschen einschließt, die sie misshandelt und missbraucht haben. Die schnellste Option für sie ist es, ihre schmerzhafte Vergangenheit und Gegenwart mental beiseite zu schieben und so weit wie möglich eine Fassade der Normalität aufrechtzuerhalten."

Wie diese Autoren betont auch die Teilnehmerin, die sagt, dass Überlebende rituellen Missbrauchs so leben, als hätten sie ein Doppelleben, dass es einen Stress gibt, der dadurch entsteht, dass man sich so verhält, als sei alles normal.

So bedeutet die extremere Dissoziation, also multiple Persönlichkeiten, dass die Identität der Person in zwei oder mehr "Teile" gespalten oder fragmentiert ist. Es handelt sich um ein und dieselbe Person, aber ihre Identität ist auf geteilte Weise konstruiert. Der Begriff "Multiplizität" wird häufig verwendet, um das Thema zu behandeln, ebenso wie das Wort "Teile", um über diese verschiedenen Unterteilungen der Persönlichkeit zu sprechen. Die verschiedenen Teile der Identität sind in dem Sinne unterschieden, dass sie unterschiedliche Aspekte, Merkmale oder Zustände der Persönlichkeit aufweisen. So hat jeder Teil seine eigenen Modalitäten, d. h. Wissen, Sein, Handeln, Denken, Fühlen, Wahrnehmen, Umwelt und Zeit.

Darüber hinaus sind die Teile im Unbewussten getrennt und sind sich nicht unbedingt gegenseitig bewusst. Folglich sind sich einige Teile des erlittenen Missbrauchs nicht bewusst, während andere Teile die Erinnerungen bewahren, die mit dem Erlebten verbunden sind.

Mehr als die Hälfte der Teilnehmerinnen (5/8) beschreibt bestimmte Arten, wie sich Dissoziation oder Multiplizität bei Überlebenden rituellen Missbrauchs darstellt. Die Frau oder der "gastgebende" Teil kann einfach erwähnen, was innere Stimmen zu ihr sagen, während andere von ihren "inneren Teilen" berichten. Sie können auch sagen, dass sie beginnen, die Zeit zu vergessen, oder dass sie schon immer die Zeit vergessen haben. Der Begriff Gastgeberin wird im Zusammenhang mit extremer Dissoziation verwendet, um die Frau oder den Teil zu identifizieren, der bei den Interventionstreffen anwesend ist. Eine Teilnehmerin erklärt, dass sich der Begriff innere Anteile bei extremer Dissoziation auf Personen bezieht, die multiple Persönlichkeiten haben und ein so genanntes "dissoziatives System" entwickelt haben, d. h. ein System innerer Anteile. Das Wort "System", das häufig bei multiplen Personen verwendet wird, bezieht sich auf die ganze Person, d. h. alle inneren Teile der Person werden berücksichtigt.

Diese Betreuerinnen berichten auch von den Unterschieden, die sie bei Überlebenden rituellen Missbrauchs, die multiple Persönlichkeiten entwickelt haben, zwischen den einzelnen Teilen beobachtet haben. "Bei Frauen mit multiplen Persönlichkeiten kann man sehen, wie unterschiedlich jeder der Teile ist; einige Teile sind rechtshändig, andere linkshändig. Manche Frauen können sogar körperliche Veränderungen zeigen, wenn bestimmte Teile auftauchen".

Die Hälfte der Teilnehmerinnen gibt an, dass sie von Kinderparteien angesprochen werden. Sie geben an, dass es überwiegend die Kinderparteien sind, die ihnen vom Missbrauch erzählen. Eine Teilnehmerin sagt, dass es manchmal so ist, als ob eine andere Person spricht: eine Kinderstimme, ein Junge oder ein Mädchen. Eine andere erwähnt, dass die Parteien auch verschiedene Vornamen verwenden können, wenn sie sich vorstellen.

Es scheint wichtig zu sein, darauf hinzuweisen, dass alle interviewten Helferinnen von der Dissoziation sprechen, die Überlebende rituellen Missbrauchs immer noch erleben. Die

Dissoziation ist eine Auswirkung, die während des Missbrauchs vorhanden ist und sich im Erwachsenenleben fortsetzt. Die Hälfte der Interviewpartnerinnen sagt, dass sie noch nie eine Überlebende des rituellen Missbrauchs getroffen haben, bei der es keine Dissoziation gab. Einige (3/8) erwähnen, dass einige der Überlebenden, die sie begleiten, bereits eine der mit dissoziativen Störungen verbundenen Diagnosen erhalten hatten, bevor sie sie trafen.

Eine Teilnehmerin warnte jedoch, dass man trotz der Tatsache, dass mehrere Überlebende rituellen Missbrauchs multiple Persönlichkeiten entwickelt hätten, nicht verallgemeinern dürfe. Sie sagte zum Beispiel, sie habe zwei Schwestern begleitet, die rituellen Missbrauch erlitten hatten, und nur eine der beiden habe multiple Persönlichkeiten entwickelt.

Obwohl alle Teilnehmerinnen Dissoziation als normalen Abwehrmechanismus bewerteten, räumten mehr als die Hälfte (5/8) ein, dass dieses Mittel für Überlebende zu einem Hindernis werden kann. In der Tat ist es für Überlebende rituellen Missbrauchs, die dissoziieren oder multiple Persönlichkeiten haben, manchmal schwierig, mit der Gegenwart in Kontakt zu bleiben. Dieser Verlust des Bewusstseins für den gegenwärtigen Moment ist einer der Faktoren für die Dissoziation, die heute Überlebenden rituellen Missbrauchs schadet. Eine Teilnehmerin erklärt einige der Schwierigkeiten, die Überlebende rituellen

Missbrauchs mit multiplen Persönlichkeiten haben, folgendermaßen: "Einige Teile von ihnen können in der Vergangenheit leben. Dies kann sehr schwierig zu bearbeiten sein. Manche Frauen haben keine Erinnerungen an ihre Teile; auch das ist schwer zu bearbeiten. Wie kann eine Frau eine Verbindung herstellen, wenn sie das Zeitgefühl verliert, wenn sie einen ihrer Teile nicht kennt und wenn dieser Teil nicht auftaucht, wenn sie dir nachfolgt"?

Zwei andere Teilnehmerinnen erklären, dass Dissoziation den Heilungsprozess für manche Überlebende rituellen Missbrauchs komplizierter macht, da sie dissoziieren oder ständig Flashbacks erleben. Dies schränkt ihre Möglichkeiten ein, sich ihrer Realität voll bewusst zu werden. Diese Sprecherinnen berichten vor allem von der Hilflosigkeit, die durch die Dissoziation verursacht wird, insbesondere bei Frauen mit multiplen Persönlichkeiten. Eine andere sagt, dass Dissoziation Überlebende rituellen Missbrauchs verletzlicher und gefährdeter macht, weitere Missbrauchssituationen zu durchleben, da sie nicht die volle Kontrolle über sich selbst haben. Eine Teilnehmerin erläutert, was ihrer Meinung nach eine der Besonderheiten der Dissoziation ist, die aus rituellem Missbrauch resultiert. Ihrer Meinung nach bleibt der rituelle Missbrauch "immer präsent, es ist nie Vergangenheit, es ist immer präsent. Selbst wenn die Täter nicht da sind, sind die Erinnerungen so frisch und die Dissoziation bringt sie zurück, als ob sie noch da wären". So kann die Dissoziation, die für das Überleben der Opfer rituellen Missbrauchs notwendig war, nun in ihrem aktuellen Leben ein Hindernis darstellen.

Es sei daran erinnert, dass einige Teilnehmerinnen (3/8) berichten, dass die Täter die dissoziativen Fähigkeiten der Opfer kennen und nutzen. Die Dissoziation macht die Opfer leichter beeinflussbar und diese Anfälligkeit erleichtert den Programmierungsprozess. Sie glauben, dass die Täter die dissoziativen Fähigkeiten der Opfer überprüfen und dass sie auf diese Weise herausfinden können, wie sie diesen Mechanismus am besten hervorrufen können, um die Opfer dauerhaft zu kontrollieren.

Anhang Nr. 4

Auf Traumata basierende Geisteskontrolle

Auszug aus der Diplomarbeit *"L'Abus Rituel: Le point de vue d'intervenantes en agression sexuelle"*, die von Christine Jacques 2008 an der Université du Québec en Outaouais im Fachbereich Sozialarbeit eingereicht wurde.

Die bei der Programmierung verwendeten Methoden

Wie im theoretischen Rahmen dargestellt, sind Techniken der Gedankenkontrolle der Eckpfeiler des rituellen Missbrauchs. In dieser Untersuchung erfahren wir, dass die befragten Helferinnen hauptsächlich den Begriff Programmierung verwenden, um das Thema zu behandeln.

Den Ergebnissen zufolge sind die für die Programmierung verwendeten Methoden die ersten Hinweise darauf, dass es sich um rituellen Missbrauch handelt. Dies stimmt im Übrigen mit der Bedeutung überein, die der Art und Weise, wie der Missbrauch ausgeführt wird, beigemessen wird. Wir glauben nämlich, dass dies die Hauptmerkmale des rituellen Missbrauchs sind, durch die er sich von anderen Formen des Missbrauchs unterscheidet. In diesem Sinne erkennen wir an, dass die bei der Programmierung verwendeten Methoden die Elemente sind, die schockieren, überraschen und den Erzählungen der Überlebenden ein bizarres Aussehen verleihen.

Es sei daran erinnert, dass die Ergebnisse zur Programmierung zwei verschiedene Elemente behandeln: das Ziel, das mit der Programmierung verfolgt wird, und die Methoden, die zur Erreichung dieses Ziels verwendet werden.

Den Ergebnissen zufolge zielt die Programmierung darauf ab, das Identitäts- und Freiheitsgefühl der Opfer zu verändern, ein Gefühl anhaltenden Terrors zu erzeugen und dies mit dem Ziel, die absolute und anhaltende Kontrolle über ihre Person zu erlangen. Diese Ergebnisse unterstützen somit die Ergebnisse bezüglich des Ziels des rituellen Missbrauchs. Aufgrund der Ergebnisse können wir sagen, dass die Methoden, mit denen die Opfer des rituellen Missbrauchs programmiert werden, Missbrauchstechniken sind, die von den Tätern sorgfältig ausgewählt wurden. Diese Ergebnisse stimmen mit den Ergebnissen überein, die sich mit der organisierten Natur des rituellen Missbrauchs und den daraus resultierenden Spätfolgen befassen.

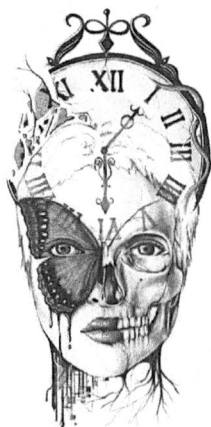

Die Teilnehmerinnen sagen, dass Terror die eigentliche Grundlage der Programmierung ist. Die Täter setzen unter anderem verschiedene Drohungen ein, um bei den Opfern ein ständiges Gefühl der Gefahr zu erzeugen. Die Ergebnisse zeigen, dass Kinder, die Opfer rituellen Missbrauchs wurden, mit dem Tod bedroht werden, wenn sie über den erlittenen Missbrauch sprechen. Sie werden auch damit bedroht, dass sie erneut missbraucht werden oder dass ihnen nahestehenden Personen Schaden zugefügt wird. Mit anderen Worten: Opfer von rituellem Missbrauch werden darauf programmiert, zu glauben, dass sie ständig in Gefahr sind. Erst durch die Gegenüberstellung aller Ergebnisse wird deutlich, dass dieses Gefühl der ständigen Bedrohung vor allem auf den Schrecken zurückzuführen ist, der durch den Missbrauch in der Kindheit erzeugt wurde. Neben der Programmierung sorgen auch Traumata und Dissoziation dafür, dass die Intensität des in der Kindheit konditionierten Schreckensgefühls bis ins Erwachsenenalter anhält. Wie viele der Ergebnisse zeigen, wird dieses Gefühl der ständigen Gefahr programmiert, um die Opfer zum Schweigen zu bringen und die

Realität der kriminellen Aktivitäten des rituellen Missbrauchs zu verbergen. In diesem Sinne ist es das Schweigen, das die Täter erzwingen, durch das sie die absolute und anhaltende Macht über ihre Opfer aufrechterhalten.

Die Ergebnisse zur Programmierung entsprechen den Informationen, die Borelli (2006) nach ihrer Literaturrecherche zu diesem Thema präsentiert. Sie zitiert unter anderem Oglevie (2003), der die drei Prinzipien der Gedankenkontrolle angibt: Geheimnis, Macht und Kontrolle. Laut diesem Autor: *Personen, die Gedankenkontrolle einsetzen, sind von Macht besessen ... Diese Personen verewigen und flößen ihren Versuchspersonen Gedankenkontrolle durch Angst und Panik ein* (zitiert in Borelli, 2006, S. 54). Außerdem: *Wenn Täter Gedankenkontrolle einsetzen, ist das Schweigen der Opfer so gut wie garantiert.*

(Ibid, S. 55). Diese Information ermöglicht es somit, die Verbindung zwischen der Programmierung und der geheimen und heimlichen Natur des rituellen Missbrauchs zu belegen.

Die Ergebnisse dieser Untersuchung zeigen auch, dass die Programmierung der Hintergrund für jeden Missbrauch ist. Wir stimmen mit den Teilnehmerinnen überein, die sagten, dass ritueller Missbrauch dadurch gekennzeichnet ist, dass der Missbrauch auf der Grundlage einer Programmierung erfolgt. Daher sollten die Ergebnisse, die die Art und Weise beschreiben, wie die verschiedenen Formen des Missbrauchs begangen werden, als Mittel interpretiert werden, die zur Erleichterung der Programmierung eingesetzt werden. Den Ergebnissen zufolge ist Programmieren eine Methode des extremen psychologischen Missbrauchs, die aus langen Konditionierungsreihen geschaffen wird. Erinnern wir uns an die verschiedenen Methoden, die für die Programmierung verwendet werden, wie sie im Laufe dieser Forschung vorgestellt wurden:

- Die Provokation eines dissoziativen Zustands

- Die Wiederholung von Nachrichten

- Die Verwendung von: Simulationen; Inszenierungen; Ritualen; spirituellen oder religiösen Symbolen; Tieren; Elektroschocks; Drogen; Entbehrungen.

Induzierte Dissoziation

Nach einigen Ergebnissen dieser Untersuchung wissen die Täter des rituellen Missbrauchs von der Dissoziation der von ihnen missbrauchten Personen, setzen sie ein und provozieren sie absichtlich. Eine Teilnehmerin sagte dazu: *"Um den schweren Missbrauch zu überleben, dissoziieren Kinder und die Täter des rituellen Missbrauchs nutzen das aus. Sie werden absichtlich Dissoziation erzeugen, um zu verbergen, was sie tun, und das für eine lange Zeit"*.

Eine zweite Teilnehmerin führt aus, dass extreme Dissoziation oder Multiplizität es den Tätern ermöglicht, das Vergessen oder Leugnen des von ihnen begangenen Missbrauchs zu programmieren.

Es sei daran erinnert, dass die Mehrheit der Teilnehmerinnen der Meinung ist, dass die Fähigkeit junger Opfer, sich zu dissoziieren, ein wichtiger Faktor ist, der es den Tätern ermöglicht, die Kontrolle über die Opfer zu erlangen. In diesem Sinne stimmen die Ergebnisse über die Nutzung der Dissoziation zur Erleichterung der Programmierung mit der Analyse von Gould und Cozolino (1992) überein, dass das Alter des Opfers für den Beginn des Missbrauchs wichtig ist.

"*Programmierer empfehlen, dass die Gedankenkontrolle beginnen sollte, bevor das Kind sechs Jahre alt wird; die frühe Kindheit ist anfällig für dissoziative Zustände. Drogen, Schmerzen, sexuelle Übergriffe, Terror und andere Formen psychischer Gewalt sorgen dafür, dass sich das Kind angesichts unerträglicher traumatischer Erfahrungen dissoziiert. Der Teil des Kindes, der sich abgespalten / fraktioniert hat, um das Trauma zu verarbeiten, wird während des Missbrauchs extrem porös für Suggestionen und Programmierung werden.*" (zitiert nach Beardsley, 2002, S. 13)

Somit bestätigen die Ergebnisse bezüglich der Provokation von Dissoziation als Methode zur Erleichterung der Programmierung die Ergebnisse, die die Bedeutung dieser Auswirkung bei Überlebenden rituellen Missbrauchs belegen.

Die Verwendung eines Glaubenssystems

Wie wir im theoretischen Rahmen gesehen haben, ist das Vorhandensein eines Glaubenssystems für rituellen Missbrauch eines der ersten Merkmale, die zur Erkennung dieser Art von Missbrauch geführt haben. Sie war der Grund für die erste Konzeptualisierung des rituellen Missbrauchs, die ihn als satanischen Missbrauch bezeichnete. Die Analyse der Ergebnisse lässt erkennen, dass das Vorhandensein eines Glaubenssystems für rituellen Missbrauch eher eine der Methoden ist, die für die Programmierung verwendet werden. In diesem Sinne unterscheidet sich unsere Analyse von den frühen Konzeptualisierungen des rituellen Missbrauchs. Wir möchten jedoch betonen, dass wir verschiedene Probleme in Bezug auf die Konzeptualisierung von rituellem Missbrauch erkannt haben, die sich aus den Ergebnissen im Zusammenhang mit der Verwendung eines Glaubenssystems ergeben.

Durch die Gegenüberstellung der Ergebnisse, die sich auf das Vorhandensein eines Glaubenssystems für rituellen Missbrauch beziehen, mit den Ergebnissen, die die Methoden beschreiben, die für die Programmierung verwendet werden, kommen wir zu dem Schluss, dass es sich um eine der Methoden handelt, die zur Programmierung der Opfer verwendet werden.

Wie eine Teilnehmerin betonte, verwenden Täter ein Glaubenssystem als Strategie, um die Realität des Missbrauchs zu verbergen, den sie begehen. Sie argumentiert, dass die beim rituellen Missbrauch verwendeten Glaubenssätze hauptsächlich dazu dienen, die kleinen Kinder, die Opfer des Missbrauchs werden, zu terrorisieren. Sie führt aus, dass dies auch bei der Verwendung des satanischen Glaubens der Fall ist.

In diesem Zusammenhang weisen auch einige Äußerungen anderer Teilnehmerinnen auf die Verbindung zwischen der Verwendung eines Glaubens und dem Programmieren hin.

Es können spezifische Glaubenssätze programmiert sein. Ich weiß, dass einige Überlebende einen religiösen oder spirituellen Glauben haben, der benutzt wird, aber bei der Frau, von der ich spreche, konnten wir bisher nicht feststellen, dass sie versucht haben, einen bestimmten Glauben durchzusetzen, abgesehen davon, dass sie sie terrorisieren wollten.

Es sei daran erinnert, dass mehr als die Hälfte der Teilnehmerinnen angab, dass es manchmal schwierig sei, einen religiösen oder spirituellen Glauben mit dem Missbrauch in Verbindung zu bringen. Ausgehend von den Ergebnissen können wir sagen, dass die Gruppen von Personen, die rituellen Missbrauch begehen, überwiegend einen bösen Glauben oder eine Ideologie verwenden, die ihnen irgendeine Macht zuschreibt.

Wir erinnern an einige der Glaubensrichtungen, die bei rituellem Missbrauch verwendet werden und die in dieser Untersuchung erwähnt wurden: Satanismus, Voodoo, Santeria, bösartige Überzeugungen und eher mystische Überzeugungen, die mit höheren Mächten oder Hexerei in Verbindung gebracht werden. Zwei Teilnehmerinnen erklärten, dass alle Formen von Ideologien und Überzeugungen als Rechtfertigung oder als Hintergrund für den Missbrauch durch rituellen Missbrauch verwendet werden. In diesem Sinne ermöglicht die Verwendung eines Glaubenssystems im Wesentlichen, die Opfer zu terrorisieren und zu beherrschen, was mit dem Ziel der Programmierung übereinstimmt. Daher spielt der Glaube keine Rolle: Er dient lediglich dazu, die Macht der Täter zu festigen.

Wie einige Teilnehmerinnen berichten, kann es übrigens auch um Missbrauch gehen, der um die Ideologie der Überlegenheit der weißen Rasse herum organisiert wird, wie bei den Nazis oder dem Klu-Klux-Klan, oder einfach um die Durchsetzung des Glaubens, geboren zu sein, um dem Vater zu dienen und zu gehorchen.

Es ist zu betonen, dass nur drei Teilnehmerinnen den Satanismus im Laufe dieser Untersuchung erwähnen. Zwei von ihnen sind jedoch der Meinung, dass der Satanismus nur eine Fassade für den Missbrauch ist. Tatsächlich ist eines der Merkmale des rituellen Missbrauchs, dass die Täter einen Glauben benutzen, um ihren Missbrauch zu inszenieren. In diesem Sinne stimmen wir mit der Teilnehmerin überein, die sagt, dass die Menschen dazu neigen, dem Konzept des Glaubens und insbesondere dem Satanismus zu viel Aufmerksamkeit zu schenken, wenn sie über rituellen Missbrauch sprechen. Es gibt jedoch sehr wohl satanische Praktiken und Symbole, die mit einigen der Berichte über rituellen Missbrauch in Verbindung gebracht werden. Die Teilnehmerinnen waren in der Lage darzustellen, wie sich die Verwendung satanischer Glaubensvorstellungen manchmal in rituellem Missbrauch manifestiert. Sozialarbeiter sollten daher verstehen, dass in den Berichten von Überlebenden rituellen Missbrauchs häufig satanische Elemente erwähnt werden, darunter die Praxis satanischer Rituale und Zeremonien.

Eine Teilnehmerin behauptet, dass die Täter mit der Verwendung des satanischen Glaubens im Zusammenhang mit Missbrauch genau ins Schwarze getroffen haben: Die Aufmerksamkeit wird von den kriminellen Handlungen, die sie begehen, abgelenkt. Die Menschen werden vielmehr entweder von dem mysteriösen Phänomen des Satanismus angezogen oder sind verwirrt und verängstigt von dem, was es repräsentiert. Außerdem werden die Aussagen von Überlebenden, die Elemente aufweisen, die mit dem Satanismus in Verbindung gebracht werden, aufgrund der bizarren und unwahrscheinlichen Art ihrer Erzählungen oft in Frage gestellt.

Die Wiederholung von Nachrichten

Die Ergebnisse zeigen, dass eine der Techniken, die für die Programmierung verwendet werden, die Wiederholung von Nachrichten ist. Den Ergebnissen zufolge gibt es drei Ziele, die sich auf diese Methode beziehen:

- einen negativen Identitätssinn zuweisen oder implantieren

- die Opfer in einem Gefühl des Schreckens und der Bedrohung zu halten

- das Schweigen über den Missbrauch sicherstellen

- den Opfern Verhaltensweisen vorschreiben, die sie an den Tag legen sollen.

Die Wiederholung der negativen Botschaften zielt somit darauf ab, das Identitäts- und Freiheitsgefühl der Opfer zu verändern. Diese Ergebnisse entsprechen den drei Zielen der Programmierung nach Hassan (2000, zitiert in Borelli, 2006). Dieser Autor sagt, dass die Gedankenkontrolle darauf abzielt, die Art und Weise zu beeinflussen, wie eine Person denkt, reagiert und sich fühlt.

Der Einsatz von Simulationen und Inszenierungen

Aus dieser Untersuchung geht hervor, dass die Mehrheit der befragten Helferinnen Simulationen und Inszenierungen als Methoden zur Orchestrierung von rituell begangenem Missbrauch anerkennt.

Den Teilnehmerinnen zufolge ermöglichen Simulationen und Inszenierungen den Tätern, ihre Opfer zu manipulieren. Wie bereits im Rahmen dieser Diskussion angesprochen, können Rituale, d. h. Szenarien und Inszenierungen, mit Praktiken in Verbindung gebracht werden, die mit Sadismus assoziiert werden. Diese Methoden zielen im Wesentlichen darauf ab, die Opfer zu terrorisieren, zu verwirren und sie glauben zu machen, dass sie die absolute Macht besitzen. Die Täter verzerren die Realität, indem sie den Kontext, in dem der Missbrauch stattfindet, verändern. Darüber hinaus glauben wir wie Sullivan (1989), dass die Täter diese Simulationen und Inszenierungen auch nutzen, um sich vor allen möglichen Formen der *Vergeltung* zu schützen: *Das rituelle Element (z. B. Teufelsanbetung, Tier- oder Menschenopfer) wird von vielen als unglaubwürdig angesehen, was der Glaubwürdigkeit des Opfers schadet und die Chancen verringert, für diese Verbrechen Gerechtigkeit zu erlangen.* (zitiert in Borelli, 2006, S. 27). Das Schaffen von Situationen, die oft unglaubwürdig erscheinen, sorgt einmal mehr dafür, dass die kriminellen Aktivitäten, die sie begehen, verschleiert werden. Im Zusammenhang mit den Ergebnissen zu den verschiedenen Glaubenssystemen, die beim rituellen Missbrauch verwendet werden, ist es wichtig zu betonen, dass Simulationen und Inszenierungen nicht auf Praktiken beschränkt sind, die mit Satanismus in Verbindung gebracht werden. Hier die diesbezüglichen Ergebnisse:

- Die Inszenierung von spirituellen oder religiösen Ritualen

- Die Verwendung von spirituellen oder religiösen Symbolen

- Die Verwendung von zeremonieller Kleidung, darunter schwarze Soutanen mit Kapuze

- Die Verwendung von Kostümen und Verkleidungen

- Die Simulation eines Sarges

- Die Simulation mystischer oder übernatürlicher Kräfte

- Die Simulation von Mordfällen

- Die Simulation eines chirurgischen Eingriffs

Eine Teilnehmerin erwähnt, dass eine der Frauen, die sie begleitet, ihr anvertraut hat, dass sie sich im Zusammenhang mit dem Missbrauch einer Operation unterzogen hat. Diese Teilnehmerin bezeichnet diese Art des körperlichen Missbrauchs als Missbrauch medizinischer Art. Dieses Ergebnis entspricht dem, was Sullivan für die Los Angeles County Commission for Women Ritual Abuse Task Force (1989/2005) als "*magic surgery*" (*Zauberoperation*) bezeichnet. Das Vorhandensein von Blut scheint dem Opfer zu demonstrieren, dass es sich einer Operation unterzogen hätte. Es handelt sich hierbei jedoch um eine Methode, die zur Programmierung verwendet wird. Diese Technik zielt im Wesentlichen darauf ab, die Opfer zum Schweigen zu bringen, indem man sie terrorisiert und ihnen die Vorstellung einprogrammiert, dass sie in der Lage sind, dies herauszufinden, wenn sie es wagen, über den Missbrauch zu sprechen. Die Täter lassen die Opfer glauben, dass sie ihnen etwas in den Körper eingesetzt haben: eine Bombe, die gezündet wird, wenn sie über den Missbrauch sprechen, oder den Teufel bzw. das Herz Satans, das sie angreifen wird, wenn sie es tun.

Wie in dieser Untersuchung festgestellt wurde, werden verschiedene Techniken eingesetzt, um den geistigen und körperlichen Zustand der Missbrauchsopfer zu verändern. Eine Teilnehmerin äußerte sich dazu wie folgt:

Ihr Geisteszustand wurde entweder durch den Gebrauch von Drogen verändert oder indem sie in einen Trancezustand versetzt wurden oder indem sie extrem laute Musik, Kerzen und Kräuter spielten und das Kind bis zu dem Punkt missbrauchten, an dem es keine Kraft mehr hat und völlig erschöpft ist. Später verwenden sie Kostüme, Beleuchtung, Rauch, um die Person noch mehr zu verwirren. Sehe ich wirklich, wie eine Frau getötet wird? Sie wissen nicht mehr, was wahr ist. Alles wurde verändert. Sie wissen nicht mehr, was in der Welt wahr ist, weil sie manchmal Dinge erleben oder miterleben, die nicht Teil der Realität sind. Es ist die Veränderung ihres mentalen Zustands, die sie dazu bringt, zu glauben, dass das, was passiert, real ist.

Diese Ergebnisse zeigen, dass verschiedene Techniken eingesetzt werden, um Verwirrung über die Realität des erlittenen Missbrauchs zu stiften.

Wie von Rudikoff (1996) angesprochen, muss betont werden, dass die Anerkennung der Verwendung von Simulationen und Inszenierungen die Art des Missbrauchs, den die Opfer von rituellem Missbrauch erleiden, keinesfalls verharmlosen darf. Es sei daran erinnert, dass dieser Missbrauch an kleinen Kindern begangen wird und dass die daraus resultierenden Traumata dieselben sind, unabhängig davon, ob es sich um Inszenierungen handelt oder nicht.

Bemerkenswert ist, dass eine der Teilnehmerinnen eine detailliertere Analyse der Gründe vorlegt, warum die Opfer so früh und kontinuierlich missbraucht werden. Ihrer Analyse zufolge stehen die verwendeten Missbrauchsmethoden in Zusammenhang mit den Entwicklungsstadien der Kindheit. Was sie diesbezüglich sagt, scheint jedoch die von anderen Teilnehmerinnen geteilten Informationen zu bestätigen. Sie spricht von verschiedenen Stadien, die mit dem Training von Kindern verbunden sind:

"Der Schwerpunkt vor dem Alter von fünf Jahren besteht darin, das Kind dazu zu bringen, völlig verunsichert zu sein, unfähig, mit dem Missbrauch zu funktionieren, und zu glauben, dass es seine Schuld ist. Gleichzeitig soll es dazu gebracht werden, dass es in der Lage ist, zu dissoziieren, zu "switchen"; einen anderen Teil von sich zu haben, den es in der Öffentlichkeit präsentiert und der völlig normal erscheint. Sie werden diese Trennung ständig vornehmen, um das Kind so zu manipulieren, dass es so ist, wie die Sekte es haben will, um ihre Bedürfnisse zu erfüllen."

Laut dieser Teilnehmerin wird das Training nach dem Alter von fünf Jahren spezifischer; es konzentriert sich mehr darauf, andere zu missbrauchen und die von der Gruppe vorgesehene besondere Rolle zu spielen. Die Täter zwingen die Kinder, sich gegenseitig zu missbrauchen; auf diese Weise lassen sie die Kinder glauben, dass sie selbst Schaden angerichtet haben. Das Kind wird auf ganz bestimmte Weise darauf trainiert, zu glauben, dass es für alles, was um es herum geschieht, verantwortlich ist, damit es niemals jemandem etwas verrät. Ein Kind ist eher in der Lage zu sagen, ob jemand anderes etwas Falsches getan hat, als zuzugeben, dass sie selbst etwas Falsches getan hat. Diese Teilnehmerin sagt, dass das Kind in dieser Zeit seine Fähigkeit aufrechterhalten muss, einen dissoziativen Zustand zu erreichen, um zu verbergen, was zu Hause oder beim Missbrauch in der Gruppe passiert.

Fast alle Teilnehmerinnen (7/8) gaben an, dass eine der Methoden des rituellen Missbrauchs darin besteht, die Opfer zu zwingen, Zeugen von schrecklichen Dingen, einschließlich Missbrauch, zu sein oder an ihnen teilzunehmen. Die Teilnehmerinnen beschreiben mehrere Beispiele aus den Berichten von Überlebenden rituellen Missbrauchs. Diese berichteten ihnen, dass sie gezwungen wurden, zuzusehen, wie andere Kinder oder Frauen körperlich und sexuell missbraucht wurden. Überlebende rituellen Missbrauchs wurden gezwungen, schreckliche Dinge mit anzusehen: die Tötung von Babys oder von Menschen, die versuchten, Widerstand zu leisten oder über den Missbrauch zu sprechen, Vergewaltigung, Folter und die Geburt von Babys, die von den Tätern benutzt wurden; dies geschah manchmal während Zeremonien.

Anhang Nr. 5

Fall Karen Mulder

Man hat versucht, mich zur Prostituierten zu machen; es war so einfach, ich konnte mich an nichts erinnern, ich habe alles vergessen ... Ich war ein Spielzeug, das jeder haben wollte.

Im Oktober 2001 machte das berühmte niederländische Model Karen Mulder während der Aufzeichnung einer Fernsehsendung aufsehenerregende Enthüllungen. Sie prangerte ihre mutmaßliche sexuelle Ausbeutung durch ihre Familie, ihr Umfeld und einige hochrangige Persönlichkeiten an. Sie erklärte, dass sie bereits im Alter von zwei Jahren von ihrem Vater vergewaltigt worden sei und sagte, sie habe dies erst einige Monate zuvor bemerkt, da ihre Erinnerungen in Form von Flashbacks wieder aufgetaucht seien. Sie enthüllte auch, dass sie regelmäßig von ihren Arbeitgebern (einer bekannten Modelagentur), von Personen aus ihrem Umfeld und von Mitgliedern der Gothaer (Königsfamilien) vergewaltigt wurde. Sie wird später sagen, dass das Vergessen ihrer Misshandlungen auf Hypnose oder das, was sie dafür hielt, zurückzuführen war...

Kurz nach diesen Enthüllungen während der Aufzeichnung einer Fernsehsendung mit Thierry Ardisson gab sie dem Magazin *VSD* ein Interview. Das Dossier mit dem Titel "*Le cri de détresse d'un grand top model*" erschien im Januar 2002 in *VSD* N°1271. Das Magazin enthüllte, dass Karen Mulder vom Chef der Brigade zur Bekämpfung der Zuhälterei empfangen wurde und ihm von Abendessen berichtete, die zwischen jungen Topmodels und *wohlhabenden älteren Herren* organisiert wurden. Das Interview enthält mehrere Hinweise, die darauf hindeuten könnten, dass sie einer auf Traumata basierenden Bewusstseinskontrolle unterzogen wurde. Hier einige Auszüge aus dem Interview:

Eine Person aus meinem familiären Umfeld (sie nennt einen Namen) hat mich sexuell missbraucht, als ich zwei Jahre alt war. Er ist ein Psychopath. Er hatte mich unter Hypnose gesetzt. Seitdem kann mich jede Person mit Autorität, die mein

Geheimnis kennt, manipulieren. **Solange ich den Schrecken meiner Kindheit nicht losgeworden war, konnte jeder, der mir Angst machte, Einfluss auf mich nehmen** (...) **Man hat versucht, mich zu einer Prostituierten zu machen: Es war so einfach, ich erinnerte mich an nichts, ich vergaß alles** (...) **Ich war ein Spielzeug, das jeder haben wollte. Alle haben mich ausgenutzt** (...) **Ich hatte keinen eigenen Willen, also organisierte man mein Leben für mich: alles, alles, alles** (...) **Man machte hypnotische Sachen mit mir** (...) *Ja, das ist riesig. Es gibt eine ganze Verschwörung um mich herum, seit langem, es betrifft Leute in der Regierung, in der Polizei.*

Alles in meinem Leben ist organisiert! Alles, alles, alles! Ich hatte keinen eigenen Willen (...) *Während der 'Restos du Coeur' sagte ein Künstler zu mir:* "*Ein Verwandter hat dich missbraucht, sie organisieren gerade, dass du wieder vergewaltigt wirst und dass du nichts davon erfährst.*" *Eine berühmte Sängerin sagte mir:* "*Einer deiner Verwandten (sie nennt einen Namen) hat mir gesagt, dass du vergewaltigt worden bist, kannst du das vergessen?* **Schau mich an, du wirst es vergessen!**" **Und sie lachte. Und es hat funktioniert: Ich habe es vergessen** (...) *Ich bin wirklich in den Schmerz hineingegangen, da habe ich die ersten Flashs bekommen. Zuerst von einem Verwandten, der mich vergewaltigt hat. Ich sagte mir: Da, ich habe herausgefunden, warum es mir so schlecht geht* (...) **Eigentlich sind alle Menschen, mit denen meine Familie zu tun hatte, pädophil. Es ist ein Teufelskreis, und heute durchbreche ich ihn!** (...) *Ich war ein Aktivposten. Mein Image, meine Freundlichkeit, meine Güte dienten denjenigen, die die Dinge verbergen wollten. Und jetzt haben wir es mit sehr, sehr, sehr schlechten Menschen zu tun.... Diejenigen, die reden wollten, sind heute tot* (...) *Es war eine Verwandte von mir in New York, die mich vom Präsidenten einer großen Firma vergewaltigen ließ. Eines Tages ruft sie mich an und sagt:* "*Erinnerst du dich noch daran, was sie mit dir gemacht haben, als du noch sehr klein warst?*" *Ich sage:* "*Ah ja, ah ja!*" - " *Nun, X wird zu dir kommen, er wird mit dir Sex haben und du wirst den größten Vertrag bekommen, den es gibt.*" *Ich wollte nicht, aber ich war wie eine willenlose Puppe* (...) *Ich will Gerechtigkeit, das ist* *alles! Pädophilie ist immer noch so ein Tabu. Es sind solche Mädchen, die als Models arbeiten wollen. Also ist es für die Schläger leicht, anschließend Macht über sie zu erlangen.*

Steht diese Frau unter Gedankenkontrolle? Ist sie ein *"Präsidentenmodel"* (eine von Kindheit an programmierte Sexsklavin, die nur in hohen gesellschaftlichen Kreisen eingesetzt wird)*?* Was sie als Erinnerungslücken nach den Vergewaltigungen beschreibt, *"Ich konnte mich an nichts erinnern"*, könnte **einer schweren dissoziativen Störung mit amnestischen Wänden** entsprechen. Die Tatsache, dass sie dem Magazin *VSD* sagte, dass sie *seit ihrem zweiten Lebensjahr* unter Hypnose vergewaltigt wurde, dass ihre Familie *nur mit Pädophilen* verkehrte, dass es sich um einen *Teufelskreis* handelt, *den sie durchbrechen will*, und dass *die* sexuelle Ausbeutung offenbar ihr ganzes Leben lang andauerte, lässt stark vermuten, dass sie den traurigen Weg einer Sexsklavin unter geistiger Kontrolle, gefangen in einem Netzwerk, das ihre dissoziative Störung ausnutzt, hätte durchlaufen können. Bei der Aufzeichnung der Fernsehsendung im November 2001 nannte sie auch mehrere Namen aus der Unterhaltungsindustrie und sagte, dass diese Leute entweder Bescheid wussten oder selbst Vergewaltiger oder Opfer waren. Sie nannte den Namen eines anderen bekannten französischen Stars und sagte, dass auch sie diese Art von Behandlung erleiden würde.

"J'étais un jouet que tout le monde voulait avoir. Tous ont profité de moi"

Trotz einer Anzeige und der Eröffnung eines Ermittlungsverfahrens ließ ihre Familie sie kurz nach ihren Enthüllungen schnell in eine psychiatrische Klinik einweisen... Sie wurde erst drei Monate später entlassen. War damals eine Aktualisierung der mentalen Programmierung erforderlich? Ab einem gewissen Alter lösen sich die Amnesiewände auf, sodass bestimmte Erinnerungen in Form von Flashbacks wieder auftauchen.

Ihre Familie versuchte, den *Vorfall* als paranoiden Wahnanfall abzutun, außer dass niemand beweisen konnte, dass es sich wirklich um einen Wahnanfall handelte und dass das, was sie gesagt hatte, falsch war.

SOUS LES PROJECTEURS. Le 9 décembre 1996, Karen reçoit chez elle une équipe de télévision. Aujourd'hui, les micros ne se tendent plus vers elle.

Certains voudraient la faire passer pour folle. Mais la justice, saisie de l'affaire, enquête.

L e 31 octobre, Thierry Ardisson reçoit Karen Mulder à « Tout le monde en parle ». L'ex-top model, qui faisait partie de l'agence Elite, doit lui faire des révélations sulfureuses sur le monde des mannequins. Et quelles révélations ! Sur le plateau, elle cite le nom d'une haute personnalité monégasque qui l'a, dit-elle, violée. Elle affirme ensuite que des hommes politiques et des P-DG de grosses entreprises se font

Einige Zeit nach ihrer Zwangseinweisung in ein Krankenhaus gab das Supermodel Benjamin Castaldi im September 2002 ein Interview in der *M6-Sendung "C'est leur destin"*. Ein Interview, in dem noch immer der Zweifel besteht, dass sie tatsächlich versucht hat, ihren Zustand als Sklavin unter Gedankenkontrolle offenzulegen, ohne selbst genau zu wissen, in was sie sich da hineinmanövriert hatte. Hier einige Auszüge:

Benjamin Castaldi: *Wenn Sie Ihr Schicksal in wenigen Worten zusammenfassen müssten, was würden Sie sagen?*

Karen Mulder: *Auf der einen Seite ist es ein Märchen, auf der anderen Seite ist es ein Horrorfilm, ein echter Albtraum. Und als alles wieder hochkam, gab es Leute, die versuchten, mich am Reden zu hindern. Sie haben mich in eine Klinik gesteckt, um mich am Reden zu hindern. Ich bin mit Hilfe eines Anwalts rausgekommen, das war eine ziemliche Sache ... Oh là, das war ziemlich kompliziert! (...) Die Anwältin hat mich direkt in meinem Zimmer angerufen. Sie sagte zu mir: "Hören Sie, Sie sehen überhaupt nicht wie eine Verrückte aus! Ich hole Sie in den nächsten zwei Stunden ab. Ich packte meine Sachen und ging einfach raus. (...) Nachdem ich mein Ziel beim Modeln erreicht hatte, war äußerlich alles in Ordnung, aber tief in meinem Inneren spürte ich, dass etwas nicht stimmte. Also habe ich fünf Jahre lang eine Psychoanalyse gemacht, und es kamen Dinge zurück, die so schlimm waren, dass ich irgendwie paranoid wurde (...) Ich habe versucht, zu reden, aber man wollte mir nicht glauben. Es gab einen gewissen Teil, der Paranoia war, denn es ist wahr, dass, wenn die Dinge so gewaltig sind, es danach ein wenig ausartet. Es gibt ein kleines bisschen Wahnvorstellungen. Aber je mehr Zeit vergeht, desto mehr merke ich, dass es eigentlich gar nicht so ist (...) Haben Sie den Film "True Romance" gesehen? Das ist sozusagen mein Leben. Alles war organisiert. Alles war manipuliert. Ich war jemand, der nichts gesehen hat...*

Nach einem Interview über den Fall Didier Schuller erklärte die Schauspielerin und Sängerin Marie Laforêt: "*Ich weiß nicht, was aus Karen Mulder geworden ist, es ist die gleiche Geschichte, sie sprach von den gleichen Leuten, nur dass man sie regelrecht abgeschnitten hat.... Also haben wir ihr eine kleine Scheibe machen lassen, um sie seitdem abzustempeln. Sie weiß also, dass sie, wenn sie jemals etwas sagt, was sie zu diesem Zeitpunkt sagen wollte, ein noch miserableres Schicksal haben wird als das, was sie jetzt hat. Also ist sie ganz besser dran, wenn sie abstürzt.... Das ist alles... Aber sie hat einen Versuch unternommen! Sie hat einen Versuch gemacht und dafür bezahlt, was sie dafür bezahlt hat. Wir haben sie unterhalten, indem wir sie dazu gebracht haben, eine Platte zu machen, eine*

Werbeaktion... Aber dann sind alle in die Sache verstrickt? Sie werden für sich selbst antworten... Offensichtlich!"

Am 16. Januar 1998 sagte Marie Laforêt in der 20-Uhr-Nachrichtensendung von France 2 über eine **traumatische Amnesie** aus. Im Alter von drei Jahren wurde sie mehrmals von einem "Nachbarn" vergewaltigt:

"Ich erlebte genau, was passiert war, den Namen des Mannes, seinen Anzug, seine Art und Weise, einfach alles. Alles kam gleichzeitig zurück. Ich konnte drei Tage und drei Nächte lang nicht darüber sprechen, weil ich in Tränen ausbrach... Ich habe das mitten ins Gesicht bekommen, Sie können es auf keinen Fall mit etwas anderem verwechseln, weder mit einer Vorahnung noch mit einer Geschichte über geistige Verwirrung ... Es geht nicht um geistige Verwirrung, im Gegenteil, Sie sind von übertriebener Genauigkeit".

Anhang Nr. 6

Festen

Wenn das Kino seine Rolle spielt, um zu enthüllen die *Rückseite der Kulissen*

1998 beglückte der dänische Regisseur Thomas Vinterberg die Filmfestspiele von Cannes mit seinem Film **Festen** (mit dem Untertitel *"Familienfest"*), der damals den Preis der Jury erhielt. Hier ist die Synopsis des Spielfilms:

Helge feiert seinen 60. Geburtstag. Zu diesem Anlass lädt er seine ganze Familie in ein großes Haus ein. Während des Abendessens wird der älteste Sohn Christian gebeten, ein paar Worte zu sagen: Einige schwer zu hörende Wahrheiten werden

enthüllt...

In dieser Produktion behandelt Thomas Vinterberg das "Familiengeheimnis", hier in diesem Fall den väterlichen Inzest innerhalb einer reichen High-Society-Familie. Christian, der älteste Sohn der Geschwister, wurde in seiner Kindheit mehrfach von seinem Vater vergewaltigt. Seine Schwester Linda, die ebenfalls Opfer wurde, überlebte das Trauma des Inzests nicht - sie beging Selbstmord.

Thomas Vinterberg hat darauf geachtet, mehrere Dinge in sein Drehbuch einzubauen, die darauf schließen lassen, dass er selbst mit der okkulten Funktionsweise bestimmter elitärer Kreise vertraut ist.

Der erste wichtige Punkt ist, dass die Figur Helge, der Inzestvater, ein eingeweihter Freimaurer ist. In einer Szene sehen wir, wie sich die *Brüder* vor dem Geburtstagsfestmahl in einem separaten Raum versammeln. Helge schlägt seinem Sohn Michael dann vor, ihn in seine Freimaurerloge einzuführen. Der zweite wichtige Punkt ist Vinterbergs indirekter Verweis auf die dissoziative Identitätsstörung. Tatsächlich wird der Überlebende Christian so dargestellt, als habe er einen "imaginären Freund", einen inneren Begleiter, der ihm überallhin folgt und den Namen "*Snoot*" trägt. Dies könnte bedeuten, dass sich die Persönlichkeit des Sohnes aufgespalten hat, um die zahlreichen sexuellen Übergriffe seines Erzeugers überleben zu können.

Der Skandal *bricht* aus, als Christian oder Snoot ... beim Festmahl das Wort ergreifen: "*Es stellte sich heraus, dass es viel gefährlicher war, wenn Papa badete ... Ich weiß nicht, ob ihr euch erinnert, aber Papa wollte immer baden ... Dazu nahm er Linda und mich zuerst in sein Arbeitszimmer mit. Seltsamerweise hatte er etwas Dringendes zu erledigen, ohne zu warten ... Also verriegelte er die Tür, ließ die Jalousien herunter, schaltete das Licht an, damit es schön aussah, und dann zog er sein Hemd und seine Hose aus ... und wir mussten das Gleiche tun. Danach ließ er uns auf die Bank legen und vergewaltigte uns. Er missbrauchte uns, er hatte Sex mit seinen lieben Kleinen... Vor ein paar Monaten, als meine Schwester starb, wurde mir klar, dass Helge ein sehr sauberer Mann ist, mit all den Bädern, die er nahm. Ich dachte, es wäre gut, wenn ich das mit meiner Familie teilen würde ... Es geschah im Winter, im Sommer, im Herbst, im Frühling, morgens, abends ... und ich dachte, das müssen sie von meinem Vater wissen: Helge ist ein sauberer Mensch ... und wir sind heute Abend alle hier versammelt, um Helges 60. Geburtstag zu feiern! Was für ein Glückspilz! Ich trinke auf den Mann, der meine Schwester umgebracht hat! Ich trinke auf den Mörder!"*

Nach diesen aufsehenerregenden Enthüllungen ergreift Christians Mutter, die lieber ihren Mann unterstützen möchte, das Wort, um ihren Sohn vor den versammelten Gästen zu diffamieren und lächerlich zu machen. Hier erfahren wir von "Snoot", Christians alter Persönlichkeit:

"*Du warst schon immer etwas Besonderes ... ich würde sagen, kreativ wie kein anderer! Es ist erstaunlich, welche Geschichten er als Kind erzählt hat. Ich habe mir oft gedacht, wenn ich dir beim Reden zugehört habe, dass du das Zeug dazu hast, später ein talentierter Schriftsteller zu werden, das kann ich dir versichern, Christian. Als Christian klein war - einige hier wissen es vielleicht nicht - **hatte er einen treuen Begleiter, der ihm nie von der Seite wich. Das war Snoot.** Nur, dass es ihn nicht gab! Und doch waren Snoot und Christian immer zusammen und immer einer Meinung! Wenn es etwas gab, das Snoot nicht mochte, dann mochte Christian es auch nicht. Und wenn dieses Etwas, unglücklicherweise, sie waren, dann war das eben so! Es gab nichts, was man tun konnte. Aber, lieber Christian, es ist sehr wichtig, zwischen Fiktion und Realität unterscheiden zu können. Ich glaube, dass dies für dich immer ein Problem war. Ich verstehe, dass du dich manchmal über Papa ärgern kannst, aber das sind Dinge, die ihr unter euch ausmachen müsst. Geschichten zu erzählen, wie du es heute Abend getan hast, auch wenn die Erzählung fesselnd ist, geht vielleicht trotzdem ein bisschen zu weit... **Weißt du Christian, ich glaube, Snoot war heute ganz nah bei dir und ich glaube, dass ihr beide deinem Vater Kummer bereitet habt. Daher scheint es mir angebracht, dass du jetzt aufstehst, Snoot an seinem Platz lässt und dich bei deinem Vater entschuldigst.*"*

Daraufhin beginnt die Alter-Snoot-Persönlichkeit, deren traumatische Erinnerungen intakt und präzise sind, erneut mit der Offenlegung ihres Unglücks:

"Es tut mir leid, dass ich dich wieder störe. In 74 bist du ohne anzuklopfen ins Büro gekommen, meine liebe Mutter, und hast deinen Sohn auf allen Vieren und deinen Mann mit der Hose auf den Füßen gesehen ... Ich entschuldige mich! Ich entschuldige mich dafür, dass du deinen Sohn so gesehen hast ... Ich entschuldige mich auch dafür, dass dein Mann dir gesagt hat, du sollst dich verziehen, und dass du ohne zu zögern aus dem Haus gegangen bist. Ich entschuldige mich dafür, dass du so heuchlerisch und so falsch bist, dass ich hoffe, dass du daran stirbst!".

Thomas Vinterberg, der das Thema offensichtlich gut beherrscht, hat in sein Drehbuch den Aspekt der "Anschuldigungsumkehr" eingebaut, der darauf abzielt, die Aussage des Opfers zunichte zu machen. Zunächst mit der Mutter, die versucht, ihren Mann zu decken, indem sie die unordentliche Psychologie ihres Sohnes hervorhebt, um seine Aussage zu diskreditieren. Eine Szene zeigt, wie der Vater Christian auf bösartige Weise an seinen chaotischen Lebensweg erinnert, indem er ein typisches psychologisches Porträt eines seit frühester Kindheit mehrfach traumatisierten Opfers zeichnet:

"Ich könnte jetzt auch aufstehen und ihnen ein paar Worte sagen, ein paar Worte über dich! Über dich als Kind, als du ein kränkliches Kind warst, das es nicht ertragen konnte, Kinder lachen und glücklich sein zu sehen! Der ihnen alles vermiest hat, mit Absicht! Der ihnen ihr Spielzeug stahl und es vor ihren Augen verbrannte und sich darüber lustig machte! Über den kranken, verdrehten Geist, den du bereits hattest! Ich könnte ihnen erzählen, wie Mama und Papa nach Frankreich fahren mussten, um dir zu helfen, aus dieser Art Klinik herauszukommen, in der du schon seit Monaten verrottet warst, buchstäblich vollgepumpt mit Medikamenten! Total verblödet, zur Verzweiflung deiner Mutter! Ich könnte ihnen auch von deinem mangelnden Talent für Mädchen erzählen und von all den Schönheiten, die an dir vorbeigezogen sind, weil der Mann

in dir sich immer unendlich rar gemacht hat Christian. Ich könnte ihnen auch spannende Dinge über dich und deine Schwester erzählen... Ist das , dass sie sich von dir verabschiedet hat Christian? Huh? Nein, nichts ... Du hast deine kranke Schwester im Stich gelassen, du warst abwesend! Nur du und dein verkorkstes Gehirn haben gezählt! Und jetzt erlaubst du dir, herzukommen und eine ganze Familie in den Dreck zu ziehen, die immer nur dein Wohlergehen wollte!"

Schließlich ist noch anzumerken, dass Helge, der inzestuöse Freimaurer-Vater, selbst völlig dissoziiert und amnestisch zu sein scheint, was die von seinem Sohn Christian angezeigten pädokriminellen Handlungen betrifft. Im Anschluss an das ereignisreiche Essen treffen die beiden Männer in einer versöhnlicheren Szene allein aufeinander:

"Ich verstehe nichts mehr, mein Gedächtnis muss versagt haben, ich werde langsam älter. Diese Dinge vorhin, von denen du gesprochen hast, ich kann mich überhaupt nicht mehr daran erinnern, du musst mir helfen, Christian... Sag mir, was passiert ist...".

Das Drehbuch lässt offen, ob der Vater vorgibt, von den inzestuösen Handlungen nichts zu wissen, oder ob er selbst ein Opfer ist, das an dissoziativer Amnesie leidet und den Teufelskreis auf seine Nachkommen überträgt...

Dr. Jekyll & Mr. Hyde?

Bereits erschienen

www.ingramcontent.com/pod-product-compliance
Lightning Source LLC
Chambersburg PA
CBHW070806270326
41927CB00010B/2321